# 해보자! 영화 만들기

영화 만들기

초판발행  2000년 8월 24일
4쇄발행  2011년 8월 25일

지 은 이  장호준
펴 낸 이  홍정선
펴 낸 곳  ㈜문학과지성사

등록번호  제10-918호(1993. 12. 16)
주    소  서울 마포구 서교동 395-2(121-840)
전    화  02)338-7224
팩    스  02)323-4180(편집)  02)338-7221(영업)
전자우편  moonji@moonji.com
홈페이지  www.moonji.com

ISBN  89-320-1273-3

문지푸른책 해보자 001

# 해보자! 영화 만들기

### 장호준 지음

문학과지성사

# 책 머리에

이 책을 쓰기로 결정한 순간부터 가장 큰 고민은 '과연 책을 따라 하면 영화를 만들 수 있을까?' 라는 의문에 대한 답을 내야 하는 것이었다. 뭐든 아니겠냐만 영화를 만드는 것 또한 책 한 권을 읽는다고 해서 다 알게 될 수는 없다. 우리가 살고 있는 세상을 그대로, 아니 더욱 진짜처럼 만들어내는 영화를 만들기 위해서는 사실 책에서 말할 수 있는 것보다 오히려 스스로 터득하고 깨쳐나가야 할 의식의 전환이 더 중요하다. 책에서 말할 수 있는 단순한 기술적 지식은 하루하루가 다르게 발전하기 때문에 배우는 순간 과거의 지식이 될 가능성이 높다. 많지 않지만 그래도 몇 편의 영화를 만들어본 경험과 그 속에서 알게 된 나의 지식들을 총동원해서 내렸던 처음 결론은 '불가능하잖아!' 였다. 이렇게 난감할 수가. 시중에 나와 있는 많은 영화 관련 책들처럼 대충 책임지지 않을 만큼만 외국 책에서 베껴 쓰고는 모른 척하고 시침 뚝 떼고 있어야 하나.

고백하자면, 이 책은 더 일찍 나왔어야 했다. 거짓말하면 얼굴이 잘생겨지는 치명적인 결함을 가지고 있는 나로서는 개인적인 즐거움을 위해 많은 미래의 감독들에게 사기를 칠 수 없기에 꽤 오랜 시간 동안 책 한 권에 채울 수 있는 영화 만들기의 한계를 가늠하는 데 보냈다. 나는 완성된 원고를 편집자에게 넘기기 이전에 각각 다른 방향으로 쓴 '영화 만들기 책' 원고를 2개나 더 가지고 있었다. 하지만 그것들은 이 책의 가장 중요한 이유이자 의미인 '영화를 처음 만들어보고자 하는 사람들에게 필요한 책'이기엔 너무나 복잡하고 전문적인 것이었다. 우리가 극장에서 보는 한 편의 영화를 만들기 위해서 알고 있어야 할 것들은 너무나도 많고, 또 그것들은 따로 독립되어 있는 것이 아니라 하나를 알기 위해선 다른 여러 가지를 알아야 하기 때문에 이것을 설명하려면 다른 이것저것들을 설명해야 하고, 그렇게 되면 너무 어려워져서 결국 '영화를 만들어보고자 하는 초보자들을 위한 책'이라는 기획 의도와는 무관한 책이 되어버릴 것이 뻔했다. 에잇, 이것은 너무 깊은 얘기고 저것은 간단히 말할 수 있는 건 아니고, 이건 반드시 알아야 하고 이건 나중에 알게 될 터이고, 이런 식으로 하나씩 버리고 모으고 때론 두 개를 합치면서 일단 한 권의 책 분량만큼만 원고를 만들었다.

자! 이것을 어떻게 요리해야 잘 만들어진 맛있는 책 한 권이 나올 수 있을까? 고민 끝에 나는 책을 어떻게 구성할지 순서를 정하면서 몇 가지 원칙을 세웠다. 첫번째로, 독자가 지금까지는 영화를 보는 입장이었다면 이 책을 읽는 순간부터는 만드는 입장이 되게 하자. 그렇게 하기 위해선 암묵적으로 동의된 사실들, 즉 '영화를 만든다는 것은 무엇인가' 와 같은 가장 기본적인 질문들을 재확인하고 독자가 실제 영화를 만드는 순서나 일이 진행되는 과정 중에 대충은 알고 있더라도 정확히 알고 있지 못하는 세부적인 것들에 대하여 자세하게 설명하기로 했다. 오히려 '왜 영화를 만드는가' 처럼 철학적이고 개인적인 주제는 이 책을 읽는 사람의 인생사와 삶의 자세를 모르는 내가 이러쿵저러쿵 말하기보다 독자 개개인이 알아서 해결할 문제로 분류했다. 두번째, 누가 말해도 절대적으로 옳고 필요한 지식들은 굳이 나까지 말할 필요는 없으니 보다 더 잘 요약, 정리된 내용이 어디에 있다고만 알려주도록 하자. 카메라 사용법이나 편집기 사용법 등은 영화를 만들기 위해선 꼭 필요한 지식이지만 모든 사람이 다 알 필요는 없는 지식이며 그 분야만 제대로 다루려면 책 12권 이상 될 만큼 방대하다. 그렇다고 구색을 맞추기 위해 맛보기로 그 중 몇 개만 말하는 것은, 또 영화 만들기엔 별 의미가 없다. 그래서 그런 내용들은 매뉴얼을 읽기 위한 정도의 기본적인 내용과 우리들이 현장에서 쓸 수 있는 팁을 제외하곤 매뉴얼을 보는 것이 더 유용하다고 생각했다. 마지막으로, 편법이지만 영화를 만들기 위한 가장 중요한 과정들만 이야기하기로 했다. 공부도 마찬가지지만, 학문으로서 지식은 이것저것 다 알아야 하지만 실생활에 응용해서 사용하는 지식은 그다지 방대하지 않은 것처럼, 영화를 만드는 일에 앞서서 알아야 할 것은 많이 있지만 실제 상황에서는 큰 부류로 보면 몇 가지의 과정으로 이루어진 패턴으로 만들어진다. 우선은 그 패턴만을 설명해줌으로써 독자가 한 편의 영화를 완성시켜보면 다시 두번째 영화를 만들게 될 땐 스스로 무엇을 더 배워야 하는지 알게 될 것이라고 믿었다. 과연 내 생각대로 될진 모르겠지만.

어설픈 운명론자인 나는 만약 이 책을 읽는 것을 시작으로 영화에 입문한 사람이 위대한 영화감독이 된다면 그것은 그 사람이 그렇게 될 운명이지, 이 책 때문은 아닐 것이라 생각하기로 했다. 겸손해서 그런 것이 아니라 이 책 때문에 그렇게 됐어, 하고 잘난 척하기엔 이 책만으론 부족한 것도 있고 또 다른 책, 많은 경험, 그리고 깊은 생각이 필요하기 때문인데, 그럼에도 불구하고 사실 내 마음 속 저 깊은 곳엔 그런 사람이 나와줬으면 좋겠다고 생각하고 있다. 영화를 만드는 것이 뭔가 대단하게 여겨지던 시절은 분명히 지났다. 누구나 영화를 만들 수 있고 정해진 방법이 아닌 나름대로의 독특한 방식으로 만들어진 새로운 영상도 영화가 되는 시대가 바로 지금이다. 이 책의 원고를 마치고 나는 내가 만든 단편 영화(「돌아갈 귀(歸)」)를 가지고 독일에서 열리는 '오버하우젠 국제단편영화제'에 갔다 왔다. 전세계에서 만들어진 단편 영화들을 보면서 나는 우리가 너무나도 고립되어 답답하게 살고 있구나라는 생각을 할 수밖에 없었다. 평생을 단편 영화만을 만들어온 아흔 살의 감독, 자기 가족의 하루 일상을 담은 귀여운 다큐멘터리, 하나의 아이디어를 가지고 딱 한 번 웃게 만드는 정말로 재미있는 8초짜리 영화, 무려 10년 동안 한 프레임씩 촬영해서 만든 10분짜리 영화…… 그 내용들의 기발함과 자유분방함, 그리고 형식에 구애받지 않는 그들의 영화 문화를 보면서 안 되는 것이 많은 이 나라에서 뭐든지 가능한 영화가 과연 얼마나 정직하고 순수할 수 있을까 고민했다. 스스로도 이 질문에 대한 답을 고민하겠지만 이 책을 읽는 사람들도 최소한 이런 고민은 공유했으면 하는 것이 작가의 바람이라면 너무 거창할까?

현장 사진을 찍어 이 책에 싣게 해준 영화 「가화만사성」의 제작진 여러분, 그리고 이 책의 기획에 대해서 너무 재미있을 것 같다며 나보다 더 신나했던 재인님과 재인님을 만나게 해줬던 통신 모임 '이다'와 엑시언니, 또한 이 책의 완성된 원고를 오랫동안 기다려준 최시한 선생님과 윤병무 과장님, 그리고 편집을 맡아준 이현숙씨와 김리리씨를 비롯한 문학과지성사에 감사드린다. 마지막으로, 밤마다 원고 쓴다고 부스럭거리며 부엌을 들락거리는 소리와 끊임없이 틀어놓았던 음악 소리, 키보드 두들기는 소리에 밤잠을 설치셨을 부모님과 누나에게, 막바지에 원고를 마무리할 수 있도록 닦달해준 inblue에게 사랑한다고 누가 대신 좀 전해줬으면 좋겠다. 난 좀 쑥스러워서……

2001년 8월
장호준

**차 례**

**제2장** Ready!

# 제3장 Action! 촬영하기

**제4장 자르고 붙이고 소리를 입히고,
후반 작업 그리고 개봉 박두!**

**제5장 필름으로 만드는 영화와 무엇이 다른 거지?**

# 제1장

## 영화를 만든다는 것,
## 그리고 그 영화에서 영화감독이 해야 하는 것

## 기억을 되돌려보자

언제 알았는가? 당신의 혈관 속에 뜨거운 영화감독의 피가 흐르고 있다는 것을. 어린 시절 보게 된 한 편의 영화, 그 영화가 무엇이었든 간에 상관없지만 기왕이면 데이비드 린 감독의 「아라비아의 로렌스」라든지, 리들리 스콧 감독의 「블레이드 러너」, 스티븐 스필버그 감독의 「E.T」, 임권택 감독의 「만다라」와 같은 거장의 위대한 영화들에 넋이 나가 있었던 자신의 모습을 기억하고 있는지. 그게 언제부터였는지는 정확하게 알 수 없지만 막연하게 꿈꿔왔던 영화감독이 되기 위해 비디오 대여점의 최우수 고객이 되어 수많은 비디오들을 발 아래 깔아놓고 새 영화에 대한 정보와 걸작, 명작 리스트를 얻기 위해 주마다, 월마다 나오는 영화 잡지들을 탐독하고 밑줄을 그어가며 영화들을 구하러 다니는 자신을 확인하고 있지는 않은지, 각종 시사회에 모두 응모하여 시사회를 보러 다니는 당신은 새롭게 개봉하는 영화들에 대해 다른 사람들보다 먼저 흥행이나 비평에 대해 이런저런 예리한 예상을 해내고 설사 시사회를 놓쳤더라도 보고 싶은 영화가 개봉하는 첫날 극장 앞에 서 있는 자신을 발견하곤 뿌듯해하고 있지 않은지를. 인터넷상의 한두 군데 영화 동아리에는 물론 가입되어 있으며 개봉하는 영화들에 대해 신랄하고 예리한 비판의 칼을 던지며 자신과 다른 의견엔 치열하게 논쟁하여 마침내 자신의 관람법만이 우수하고 독창적이라는 것을 인정받아야만 직성이 풀리는 당신이 다른 사람이 만든 영화에 더 이상 만족할 수 없으며 나만의 화법으로 나의 이야기를 담은 영화를 만들고 싶은 욕망이 자기도 모르는 사이에 생겼다는 것을 언제 알게 되었는지 기억을 되돌려보자.

그래서 지금은 대형 서점마다 항상 사람들로 가득 찬 영화 서적 코너에 비스듬히 기대서서 조셉 보그스의 『영화보기와 영화읽기』라든지, 데이비드 보그웰의 『필름 아트』나 루이스 자네티의 『영화의 이해: 이론과 실제』 같은 꽤 두껍고 글씨도 작은 영화 총서들을 읽으며 영화 역사와 조류, 수없이 많은 이론들과 각기 다른 견해들을 외우고, 영화 제작 핸드북이나 촬영 가이드북 같은 기술 서적들에 나오는 어려운 기계 용어들에 낯설어하며 사전을 찾으며 간헐 운동이라든지 잔상 효과 같은 영화 용어들을 머릿속에 쌓아두고 있으며, 그러다가 조금 머리가 복잡해지면 각계 각층의 사람들이 자신의 관점으로 이 영화를 이렇게 봤다고 고백하는 에세이들이나 유명한 감독의 자서전, 또는 신문 기사 모음 같은 것을 읽으면서 자신이 가지고 있는 영화에 대한 열정을 확인하고 "그래 난 영화감독이 될 수밖에 없어!" 하는 결연한 의지를 밝히고는, 자신이 좋아하는 영화의 원본 시나리오를 구해서 영화와 같이 읽으면서 본다든지, '시나리오 20일 완성' 이라든지, '시나리오 잘 쓰는 법' 같은 책에 나온 예문처럼 글도 써보고 감독 누구누구의 연출 노트나 영화학자들이 쓴 영화 연출론, 그리고 대학 입학을 위해 씌어진 듯한 '영화감독이 되는 법' 같은 책들을 읽으면서 숏shot이나 컷cut, 신scene 같은 영화 용어들에 익숙해지고 있는 것은 아닌가 생각해보자.

만약 당신이, 아주 냉정하게 자신을 되돌아보았을 때 조금이라도 이러고 있었다면 당신은 불쌍하게도 영화를 할 수밖에 없다. 잠깐! 불쌍하게도라니? 아니 영화를 만드는 게 어째서 불쌍한 일이라고 하는 것이지? 내가 생각하는 영화를 만든다는 것은 카메라 뒤에 마련된 감독 의자에 앉아 무엇인가에 대해 진지하게 고민하는 감독이 아름다운 미남, 미녀 스타들에게 선문답 같은 연기 지도를 하며 굉장히 많은 수의 스태프에게 둘러싸여 멋있게 레디, 액션!을 부르면서 철학자적인 사고와 엔터테이너의 재능을 마음껏 펼칠 수 있는 유일무이한 일인데 불쌍하다니. 이렇게 멋진 일을 하는데 어떻게 불쌍하다고 말할 수가 있단 말인가! 생각하고 있다면 애석하지만 정확하게 불쌍한 것이 맞다. 왜냐하면 영화를 만든다는 것은 너무나도 지루하고 생각보다 훨씬 지치는 작업이며 그렇게 폼도 나지 않는 일이기 때문이다. 거창한 예를 들지 않더라도 우리가 극장에서 두 시간짜리 영화를 한 편 보기 위해서는 짧게는 6개월, 길게는 3, 4년씩 걸린다. 단편 영화라고 예외는 아니다. 3분짜리건 10분짜리건 영화 한 편을 만들기 위해 걸리는 시간은 만드는 데만 최소한 3, 4개월, 그리고 시나리오를 생각하고 제작비를 모으고 스태프를 꾸리는 기타 등등의 일을 다 포함한다면 그 기간은 기약 없이 늘어나기 때문에 단편 영화라도 그렇게 짧은 기간에 만들 수 있는 것이 아니다. 또한 영화를 만들기 위해 투자하는 시간 동안 생활은 어떻게 할 것인가에서부터 과연 나는 창조적인 재능이 있는가까지 고민하게 된다면 영화를 만드는 것이 그렇게 쉽게만 느껴질까?

하지만 시간쯤이야! 하고 코웃음을 치는 당신, 영화를 위해서라면 라면만 먹으면서도 살 수 있고 생각하는 모든 것이 한 편의 영화가 되고도 남는 나의 영화적 재능을 주체할 수 없기에 가질 수 있는 영화감독이 되는 꿈에 비한다면 그정도 역경쯤은 나 같은 천재에게 주어지는 좋은 핸디캡이라고 생각하는 당신, 충고는 고맙지만 그래도 나는 영화감독이 되고야 말겠어!라는 결연한 의지가 돋보이는 당신! 그렇게 영화를 만들고 싶다면! 뭐…… 그럼 할 수 없지. 잘해봐라. 어차피 위대한 감독들도 다 당신들처럼 시작했을 것이 분명하니까.


## 1. 영화를 만든다는 게 뭐야?


우리는 쉽게 영화를 만들고 싶다고 말하지만 과연 그 영화를 만든다는 게 뭔지 고민을 해보지는 않는다. 영화를 만든다는 것이 과연 뭘까? 극장에 가면 언제든지 볼 수 있고 텔레비전마다 틀어주는 영화는 어떻게 만들어지는 것일까? 혹시 우리에게 쉽게 다가오기 때문에 영화를 만드는 것이 쉽다고 착각하는 것은 아닐까? 영화가 뭐 별 거야, 그냥 찍어서 보여주면 되지 하고 생각한다면 그것은 참으로 대단한 착각이다. 다큐멘터리도 있잖아!라고 주장하고 싶겠지만 다큐멘터리도 영화의 속성 속에서 제작되기 때문에 그냥 찍어서 보여주겠다는 앙큼한 생각은 당신을 좌절하게 만드는 여러 가지 이유 중 가장 중요한 이유가 되기도 한다. 영화를 만든다는 것이 그럼 과연 뭐란 말이야!라고 부르짖는다면 되물어보고 싶다. 당신이 극장에서 영화를 다 보고 나면 영화 끝에 언제나 사람 이름과 직책이 가득 찬 자막이 짧게는 2,3분, 길게는 10분 가까이 나오는 것을 끝까지 남아서 읽어본 적이 있는가를. 자막을 읽는 것이 영화를 만드는 거냐고? 그렇다. 바로 그 자막이 영화를 만든다는 것이 어떤 것인가를 보여주는 지도와도 같은 것이다.

## 감독만 있는 것은 아니다

영화는 사람이 만든다. 그리고 엔딩 타이틀ending title 속에는 지금 방금 끝난 영화를 만들기 위해 일했던 모든 사람들의 이름이 씌어져 있다. 또한 엔딩 타이틀 안에는 이 영화가 어떤 일들을 거쳐서 만들어졌는지, 사람들이 어떤 일을 했는지가 씌어져 있다. 한 편의 영화가 완성되기 위해서는 감독만 필요한 것은 아니다. 영화를 만들 돈을 제공하는 제작자부터 촬영 기자재를 옮기는 자동차를 운전하는 운전수까지 모두 다 그 영화를 만드는 사람들인 것이다. 비록 어느 한 사람이 없어도 영화를 못 만드는 것은 아니지만 대신 두 배로 힘들어진다. 6개월 이상 걸리는 영화 작업 속에서 스태프들이 각각 자신이 맡은 역할을 책임지지 못한다면 그 영화의 완성도는 감독이 아무리 혼자서 이리 뛰고 저리 뛰어봐도 보장할 수 없다. 우리가 쉽게 촬영해서 편집하고 녹음해서 보여주면 되는 영화를 만든다는 것은 정확하게 말하면 엔딩 타이틀에 나와 있는 사람들이 각각 자신의 일을 책임지고 해낸다는 것을 의미하는 것이다. 다시 말하면 한 편의 영화가 완성되기 위해서는 엔딩 타이틀에 나와 있는 모든 일들을 순서대로 지나쳐야만 가능한 것이다.

## ■ 영화 「박하사탕」의 엔딩 타이틀과 스태프의 역할

| | |
|---|---|
| **제공** | 유니코리아 ← 영화를 만드는 제작 회사. |
| **배급** | 신도필름 ← 완성된 영화를 극장에 상영하는 배급 회사. |
| **제작** | 명계남, 마코토 우에다 ← 영화를 만드는 제작자. |
| **제작 투자** | 최인기 ← 영화의 제작비를 투자. |
| **프로듀서** | 전재영 전양준 게이코 이노(NEP Enterprises 21) ← 영화의 행정 책임자. 주로 예산 · 스태프 · 계약 · 배급 · 작업 일정 등을 책임진다. |
| **각본** | 이창동 ← 시나리오를 쓴 사람. 오리지널 시나리오를 의미하며 원작이 있거나 영화를 위해 새로 시나리오를 쓰는 경우는 각색이라고 한다. |
| **감독** | 이창동 ← 영화를 만드는 총책임자. |
| **촬영 감독** | 김형구 ← 영화의 촬영 책임자. |
| **조명 감독** | 이강산 ← 영화의 조명 책임자. 서양의 경우 촬영 감독이 겸하는(DP: Director of Photography) 경우가 많다. |
| **편집** | 김현 ← 영화의 편집 책임자. |
| **동시 녹음** | 이승철 ← 현장에서의 동시 녹음 책임자. |
| **음악** | 이재진 ← 영화 음악 작곡자 또는 음악 프로듀서. |
| **믹싱** | Live Tone ← 사운드 후반 작업 중 믹싱. |
| **미술** | 박일현 ← 영화의 전체적인 색과 구성 등의 책임자. |
| **세트** | 오상만 ← 촬영을 용이하게 하기 위해 제작하는 영화 세트 제작 책임자. |

| | |
|---|---|
| **소품** | 최승영 ← 촬영에 필요한 소품 책임자. |
| **분장** | 황현규 ← 배우들의 메이크업 및 특수 분장 책임자. |
| **의상** | 차선영 ← 배우들의 의상 책임자. |
| **조감독** | 김현진 김영 홍현기 변승욱 박재영 ← 감독을 도와 연출을 하는 스태프들. 감독과 함께 제작의 모든 과정을 같이 진행한다. |
| **촬영부** | 최영택 최현기 최정화 김철주 이모개 강승기 ← 촬영 감독을 도와 촬영을 하는 스태프들. 카메라 및 장비들을 직접 다룬다. |
| **조명부** | 정영민 양우상 김순화 강대희 김용성 백정환 송정희 안창진 ← 조명 감독을 도와 조명을 하는 스태프들. 많은 조명기를 직접 다룬다. |
| **발전차** | 이재호 ← 촬영 현장에 필요한 전기를 발전하는 차를 조정. |
| **붐 오퍼레이터** | 이상준 ← 동시 녹음 마이크를 조정. |
| **붐 어시스턴트** | 신현준 ← 붐 오퍼레이터를 도와주는 역할. |
| **미술부** | 신점희 김기업 이성한 ← 미술 책임자와 함께 실질적으로 수행. |
| **세트부** | 이기석 윤일랑 장인덕 김보관 ← 세트 책임자와 함께 실질적으로 세트 제작. |
| **소품팀** | 고재동 양범석 ← 소품 책임자와 함께 소품 구입 및 제작. |
| **분장팀** | 황지연 우석운 김정자 황수정 ← 분장 책임자와 함께 실질적으로 배우들을 분장. |
| **의상팀** | 김춘희 ← 의상 책임자와 함께 의상 구입 및 제작. |
| **스틸** | 한미진 ← 후반 작업 및 홍보를 위한 현장 스틸 사진 작가. |
| **스테디캠** | 여경보 고영국 전용훈 ← 스테디캠으로 촬영하는 촬영 감독 및 촬영부. |
| **특수 기자재** | 정도안(데몰리션) 방성철 김태의 김병기(한국영상) 하승남 ← 크레인과 같은 촬영의 특수 기자재 소유 및 조정자. |
| **촬영 버스** | 한충환 ← 촬영 버스 운전 기사. |
| **캐스팅 지원** | 예인 |
| **보조 출연** | 성하예능, 미래예술 ← 보조 출연자 지원 회사. |
| **아비드 수퍼바이저** | 김용수 ← 논리니어 편집 장비의 운용, 조언자. |
| **편집 어시스턴트** | 이혜연 ← 편집 책임자와 함께 순서 편집, 싱크와 같은 편집의 제반 작업을 한다. |
| **텔레시네** | 이수연(A&D) ← 디지털 편집을 위한 텔레시네 작업을 하는 사람. |

| | |
|---|---|
| **음악 녹음** | 악 프로덕션 ← 영화 음악을 녹음한 스튜디오. |
| **폴리** | 김학준 ← 사운드 후반 작업 중 폴리 책임자. |
| **광학 녹음** | 박기영 ← 사운드 후반 작업 중 광학 녹음 책임자. |
| **돌비 컨설턴트** | 김재경 ← 사운드 후반 작업 중 돌비 레코딩을 도와주는 사람. |
| **옵티컬** | Imagica Japan ← 현상 작업 중 페이드나 디졸브 등과 같은 옵티컬 프린트를 통해 만들어지는 효과를 담당한 회사. |
| **식자 디자인** | 김윤경 ← 영화 자막 및 글자 디자인. |
| **자막** | 주광동 ← 자막 촬영 및 제작. |
| **현상** | 윤종두 ← 촬영된 네거티브 필름을 현상하는 현상 책임자. |
| **색 보정** | 최두영 ← 현상 작업 중 이뤄지는 컷을 일관성 있게 유지하기 위해 영화의 컬러 밸런스를 맞추는 작업 책임자. |
| **필름** | 홍성곤(태창사) ← 필름 공급 업체. |
| **홍보 디자인** | 김혜진(블루) |
| **홍보 마케팅** | 임상희 김수림 박진홍 ← 극장 상영에 대한 홍보를 담당하는 역할. |
| **제작 지원실** | 임지우 박성진 ← |
| **제작부** | 최선미 강영구 이종우 |
| **제작 부장** | 김성진 |
| **제작 지휘** | 조민철 ← |

영화 제작의 실질적인 업무들, 현장에서 숙박이나 식사, 제작 여건 등을 준비하고 마련해주는 역할.

## 내가 하고 싶은 것은 과연 무엇이지?

영화는 종합 예술이다. 영화 속에는 인간의 역사 속에서 예술이라 불렸던 모든 것들이 포함되어 있다. 한 편의 영화가 완성되기 위해서는 각각의 전문성을 가진 스태프들의 지식과 노력이 포함되어야만 한다. 많은 사람들이 영화를 하고 싶다고 하지만 대부분은 영화감독이 하고 싶은 것이다. 하지만 감독은 수많은 스태프 중에 한 명일 뿐이며 무엇인가를 결정하는 역할을 담당하는 사람일 뿐임을 명심해야 한다. 영화를 하고 싶다면 자신이 정확하게 무엇을 하고 싶은지를 정하는 것이 제일 중요한데 이 말은 다시 말해서 모든 사람들이 다 감독을 해야 할 필요는 없다는 것과 같다. 자신이 하고 싶은 것과 잘할 수 있는 것은 엄연히 다르다. 영화를 만들고 싶은 사람들이 모두 감독을 하고 싶어해도 그 중엔 촬영이나 편집에 더 많은 재능을 가진 사람이 있을 수도 있다. 진정으로 하고 싶은 이유가 그 일밖에 몰라서라면 좀 우습지 않을까? 영화를 만드는 수많은 일들이 무엇인지 정도는 알고 그 중에 나의 재능과 가장 적합한 것이 무엇일까쯤은 생각해야 한다. 가지고 있는 재능을 스스로 구별해내기 위해서는 부단한 노력과 많은 경험이 필요하다. 촬영 · 조명 · 녹음 · 편집부터 세트 디자인이나 컴퓨터 그래픽, 특수 효과와 분장, 의상 등등 자신이 하고 싶은 일을 정하기 위해서는 모든 것을 경험해보는 것이 좋다. 친구들끼리 만드는 단편 영화의 경우 한 사람이 두세 가지의 일쯤은 맡아서 해야 하기 때문에 여러 편을 스태프로 참가하다 보면 자신이 하고 싶은 일을 찾을 수 있고 또 대학의 영화학과에서는 자신의 영화뿐만 다른 사람들의 영화를 만드는 데 도움을 줘야 하기 때문에 자신이 하고 싶은 것이 어떤 것인지를 찾기 쉽다. 이론적으로 아는 것도 물론 중요하지만 가장 필요한 것은 경험이다. 모든 일이 그렇듯 경험을 쌓는 것은 쉽지 않지만 대한민국에서 영화를 만드는 경험을 쌓는 건 더더욱 어렵다. 그럼 어떻게 하지?

## 2. 대한민국에서 영화를 한다는 것은?

 가장 큰 규모의 제작 지원 펀드는 영화진흥위원회와 코닥필름에서 주최하는 단편 영화, 독립 영화 제작 지원이다. 영화진흥위원회의 독립 영화 제작 지원은 기자재 대여, 필름 그리고 후반 작업 비용을 전체 제작비의 50% 선에서 차등 지원하는 방식이고 코닥필름의 단편 영화 제작 지원은 필름과 함께 기자재를 일정 기간 무료로 대여해주는 방식이다. 자세한 사항은 영화진흥위원회의 홈페이지와 한국코닥의 홈페이지에 자세하게 나와 있다. 그외에도 몇몇 인터넷 사이트에서 자체적으로 기자재 지원이나 제작비의 일부를 지원해주는 펀드들도 있다. 이런 펀드를 받기 전에 꼭 제작 후 판권은 누구에게 있는지, 제작 지원을 조건으로 무엇을 요구하는지를 따져 봐야 한다.

단순히 열정만 가지고 있다고 해서 영화가 만들어지는 것은 아니다. 한 편의 영화를 만들기 위해서는 적건 많건 간에 돈이 들어가고 상업적인 목적을 가지고 극장에서 상영하기 위해서 만드는 영화가 아니라면 제작비를 회수하는 것도 쉬운 일이 아니다. 극장에서 상영하기 위해서 만든다 하더라도 완성도나 흥행성 같은 것을 고려해본다면 그것도 만만찮은 일은 아니라는 걸 잘 알 수 있다. 난 그런 영화를 만들고 싶지 않아! 비상업적이고 상영조차 보장되어 있지 않은 단편 영화를 만들 것이야! 한다면, 그 용기는 가상하나 대부분의 경우 제일 먼저 제작비를 구하기가 하늘의 별 따기만큼 어렵다는 사실을 깨달아야 한다. 요즘은 많진 않아도 몇 군데의 제작 지원이 있어서 조금은 사정이 나아졌지만 일단은 당신이 만들려고 하는 영화가 객관적으로 좋아서 제작 지원에 선정이 되었을 때 이야기다. 만약 일반적으로 하듯 친구들끼리 제작비를 모으고 아르바이트를 하는 등 어찌어찌 해서 제작비를 구했다고 하더라도 영화를 만들 만큼의 지식과 경험이 없다면 어렵게 모은 피 같은 제작비를 본의 아니게 흥청망청 쓰게 되는 상황이 벌어질 가능성이 거의 95%이다. 아니 왜 돈 문제만 가지고, 난 영화를 직업으로 삼고 싶단 말이다! 하고 외친다면, 냉정하게 말해서 영화를 만드는 것을 직업으로 삼는다는 것은 우리나라에선 참으로 크나큰 도박이 아닐 수 없다. 신문이나 방송에서는 영화 한 편 잘 만들면 떼돈을 벌 수 있다고 하지만 따져보면 그건 제작자의 몫이지 영화를 만든 감독이나 스태프의 몫은 아니며 또 영화라는 문화의 산업적인 측면이 아닌 만드는 개인에게 있어서의 산업적인 측면에서 고려해본다면 그다지 장래가 밝거나 부가 가치가 높은 사업도 아니다. 당신, 영화뿐만 아니라 세상에 그 어떤 일이 안 그렇겠어 하며 전의를 불태운다면 뭐 할 말 없지만.

하지만 이것만은 알아야 한다. 영화는 다른 예술 장르처럼 오로지 재능 있는 한 사람이 영화를 너무나 좋아해서 평생을 외곬으로 혼자서 한다고 해서 할 수 있는 것이 절대 아니다. 종종 그렇게 영화를 만드는 사람들도 있지만 지독한 개인주의자 또는 엄청난 재력가, 완벽주의자가 아닌 우리들은 그들을 기준으로 삼을 수는 없다. 우리는 종종 이런 사람들을 보게 된다. 영화를 보는 것을 너무 좋아하는 나머지 어찌할 바를 몰라하다가 막연히 영화를 만드는 꿈을 꾸고 그것이 자신의 일생일대의 사업이며 숙원이고 이루어내야만 하는 것으로 단정 짓고 애를 쓰지만 결국 이런저런 현실적인 문제에 부딪혀 결국 포기하게 된 후에 술잔을 기울이며 난 패배자야, 난 하고 싶은 일을 하지 못한 비겁자야! 하며 한탄하는 사람들을. 과연 그럴 필요가 있을까? 왜 모든 사람들이 영화를 좋아한다고 해서 또는 영화를 만들어보고 싶다고 해서 대학에서 영화를 전문적으로 배워야 하거나 직업으로 영화를 선택해야 한다고 생각하는지. 사실 한 나라의 문화가 발전하기 위해서는 새롭게 시도되는 또는 충분히 성숙된 그 무엇인가가 세상에 나왔을 때 그것을 받아들여줄 수 있는 건강한 시민들이 있어야 하는데 모두 다 만들기만 한다면 누가 봐주겠는가. 자기 소개서의 취미에 '영화 만들기'라고 써도 되는 시대가 왔다. 디지털 캠코더와 컴퓨터만 있으면 혼자서도 자기 영화를 만들 수 있는 시대가 왔는데 그걸 꼭 직업으로 선택해서 고생을 할 이유는 없다는 말이다. 과거엔 꼭 필름으로 만들어야 극장에서 상영도 할 수 있었지만 이젠 그렇지도 않다. 디지털로 찍더라도 흥행성만 있다면 극장에선 언제든지 오케이다. 또한 꼭 극장에서만 영화를 틀 수 있는 것도 아니다. 인터넷에 수없이 많은 영화 사이트에서는 당신의 영화를 기다리고 있다. 돈을 벌 수 있는 직업을 가지고 돈을 벌어 여가 시간에 취미 활동으로 영화를 만들어 가족 친지 친구들을 불러 모아 상영을 하는 것도 바로 '영화를 만드는 것'이다. 이 얼마나 멋진 일인가!

### 대한민국에서 영화를 직업으로 삼는다는 것은?

그래도 꼭 나만은 영화를 직업으로 삼겠다고 주장한다면? 후~, 영화를 직업으로 삼는다는 것은 영화를 만들어서 돈을 벌겠다는 이야기인데 이 문제는 영화를 좋아하니까 무조건 하겠다!라는 불타는 의지와는 조금 다를 수밖에 없다. 영화를 만들어서 돈을 벌 수 있는, 즉 영화를 직업으로 선택하는 것은 내 의지도 중요하지만 나를 고용할 사람의 의지도 중요하기 때문이다. 다시 말해서 내가 정말로 하고 싶다 손 치더라도 실력이 떨어지거나 능력이 없어 보인다든지,

재능이 부족해 보이는 것 같다고 남이 나를 평가하는 부분은 내가 어쩔 수 없기 때문이다. 영화가 가지고 있는 예술적인 측면은 내용 면으로 국한된다면 영화가 만들어지고 사람들에게 보여지는 과정은 다분히 산업적이기 때문에 자본주의의 논리에 의해서 돌아가게 된다. 매해 연말이 되면 1년 동안 만들어진 한국 영화 제작 편 수가 공개되는데 2000년의 경우 제작된 영화는 59편이고 해마다 감소하고 있는 추세이다. 이것은 1년에 영화를 만드는 감독의 수가 59명이란 소리와 같다. 만약 신인 감독인 당신이 영화를 만들고 싶다면 쟁쟁한 59명의 감독과 경쟁해서 살아남아야 한다. 이 얼마나 치열한 삶의 현장이겠는가. 또한 나이가 많다고 감독을 시켜주는 것이 아니기 때문에 감독이 되기 위해서는 제작사에서 평가할 만한 경력이나 재능을 보여주는 것이 필요하다. 보통의 경우 경력은 다른 감독 밑에서 짧으면 3, 4년 길면 10년 정도 연출부와 조감독 생활을 해서 경력을 쌓거나 그게 아니면 단편 영화 또는 독립 영화를 만들어 자신의 재능을 평가받아야 하는데 애석하게도 이런 일들은 돈을 버는 것과는 별로 친하지 않다. 이러한 사정은 기술 스태프들도 별반 다르지 않기 때문에 영화를 해서 돈을 버는 사람은 엄밀하게 말하면 배우, 그것도 인기 있는 몇몇 배우밖에 없는 것이다. 물론 이런 사정은 영화를 직업으로는 삼되 돈엔 그렇게 구애받지 않거나 독립 영화 또는 다큐멘터리를 만드는 것을 직업으로 하고 싶은 사람들에게는 별로 상관없다. 의미의 명확한 규정은 필요하겠지만 그것은 개개인이 영화를 만들면서 스스로 구축해 나가야 하기 때문에 일반적인 의미로 독립 영화나 다큐멘터리를 하고 싶은 사람들의 물질적인 측면을 배제하고 작업의 의미와 순수성에 대해서만 이야기한다면 모두 다 그들에게 박수를 치고 격려할 수 있다. 그러나 그외에 직업으로서 갖춰야 할 부분은 말하기조차 너무나도 절망적이다. 어랏? 당신, 그래도 하고 싶으니까 아는 이야기 자꾸 하지 말고, 방법을 가르쳐달라고? 세상에 이런 일이……

### 3. 어떻게 하면 영화를 만들 수 있을까?

우리가 영화를 만들고 싶더라도 일단은 어떻게 만드는지 알아야 직업으로 삼든 취미로 삼든 할 수 있으니까, 영화를 시작하는 방법은 영화 만들기를 배우는 것으로부터 출발하기로 하자. 그 전에 먼저 자신이 천재라고 생각한다면, 물론 그렇지는 않겠지만 만약 그렇다면 자기 나름대로의 방식으로 해 나가길 바란다. 외국의 누구누구 감독의 예를 들어가며 자신이 그렇게 할 수 있을 것이라고 말하는 천재에게 다음 이야기들은 해당되지 않는 이야기일 뿐이다. 대한민국에서 영화 만들기를 배우는 방법은 크게 네 가지가 있지만 절대적인 것들은 아니다. 집에서 혼자서도 영화를 만들 수 있는 시대, 과학의 발전으로 도래한 디지털 시대가 열렸기 때문에 혼자서 새롭고 독창적인 방법으로 영화를 만들어도 완성도와 예술성, 흥행성 등등 좋기만 하다면 기존의 상영 공간이나 그외 다양한 방법을 통해 충분히 수용되기 때문이다. 독학으로 책을 보며 스스로 알아 나갈 수도 있지만 혼자서 하기 위해서라도 가장 기초적인 방법들은 배워야 한다. 대한민국에서 영화를 만드는 법을 배우는 가장 일반적인 방법으로는 대학에서 영화를 전공하는 것과 영화를 전공하지 않고 곧바로 현장으로 들어가 일을 배우는 것이 있다. 또한 영화를 만드는 것을 가르쳐주는 문화 센터의 제작 과정이나 제작 워크숍들도 방법 중에 하나이다.

### 국내 대학교의 영화학과 진학

불과 몇 년 전만 하더라도 영화학과는 전국에 몇 개 대학밖에 없는 특수 학과였지만 이젠 사정이 달라져서 신생 대학교에 다양한 이름으로 영상 관련 학과가 만들어지고 심지어 영화만 가르치는 특수 대학들도 만들어지고 있다. 대학 교육의 장점이라면 영화에 대한 모든 지식을 체계적으로 배우고 연습하며 여러 편의 영화를 만들어볼 수 있다는 것이다. 영화학과의 경우 저학년 때는 선배들의 영화 작업에 스태프를 하게 되는데 연출 지망생도 촬영부터 분장까지 맡아서 해야 하기 때문에 영화 작업 전반을 이해하는 능력이 길러지며 그런 과정을 통하여 영화를 만드는 데 가장 필요한 협동력도 길러진다. 또한 자신이 만든 영화를 전문가인 교수들과 동료들이 날카롭고 적절하게 평가해줌으로써 이후에 자신이 영화를 만드는 데 좋은 길잡이가 되기도 한다. 고

학년이 되면 자신이 선택한 파트를 맡아서 자신의 영화를 만들게 되며 영화학과의 실습 작품과 졸업 작품들은 자동적으로 그 사람의 포트폴리오가 되어 경력으로 인정받는다. 영화학과의 특성상 영상 관련 업체들의 지원도 적지 않으며 학생 관련 영화제들도 여럿 되기 때문에 부지런하게 움직인다면 스스로 자신의 재능을 가늠할 수 있는 척도가 꽤 많다. 대학을 졸업하고 나면 자신이 하고 싶은 일을 정해서 나아가게 되는데 이미 현장에 진출한 선배들이 좋은 길잡이를 해주기도 한다. 어떻게 하면 영화학과에 갈 수 있냐고? 공부 열심히 해서 시험 보고 들어가면 된다.

### ▣ 2001년 중앙대학교 영화학과 1학기 강의 과목 (출처 : http://www.film.cau.ac.kr/)

| 학수 번호 | 과목명 | 담당 교수 | 학년/학점/시간 |
|---|---|---|---|
| KC1010 | 영화 개론 | 주진숙 | 1/3/3 |
| KC1040 | 영화 이론(1) | 김경욱 | 3/3/3 |
| KC1051 | 영화 제작 실습(1) | 이광모 | 3/3/4 |
| KC1052 | 영화 제작 실습(1) | 이현승 | 3/3/4 |
| KC2010 | 영화 분석(1) | 주유신 | 1/2/4 |
| KC2021 | 영상 실습 | 민환기 | 2/2/4 |
| KC2022 | 영상 실습 | 임창재 | 2/2/4 |
| KC2031 | 시나리오 작법 | 이현승 | 1/2/3 |
| KC2032 | 시나리오 작법 | 서정일 | 1/2/3 |
| KC2060 | 영상 표현 | 이승구 | 1/2/4 |
| KC2070 | 영화사(2) | 장윤정 | 2/3/3 |
| KC2080 | 편집론 | 김선아 | 2/3/3 |

| KC2110 | 장편 시나리오 | 이현승 | 4/2/3 |
|--------|------------|-------|-------|
| KC2141 | 촬영(1) | 이은길 | 2/2/3 |
| KC2142 | 촬영(1) | 이은길 | 2/2/3 |
| KC2170 | 기록 영화론 | 남인영 | 2/3/3 |
| KC2180 | 영화 이론(2) | 문재철 | 4/3/3 |
| KC2191 | 촬영(2) | 김윤희 | 3/2/3 |
| KC2192 | 촬영(2) | 김윤희 | 3/2/3 |
| KC2200 | 영화 연출론 | 이광모 | 2/3/3 |
| KC2220 | 영화 기획·제작론 | 오원철 | 3/3/3 |
| KC2301 | 영화 제작 실습(3) | 이충직 | 4/3/4 |
| KC2302 | 영화 제작 실습(3) | 최호 | 4/3/4 |
| KC2310 | CF 제작 실습 | 최인규 | 3/2/4 |
| KC2320 | 영화와 사회 | 주진숙 | 3/3/3 |
| KC2330 | 실험 영화론 | 한상준 | 4/3/3 |
| KC2380 | 현장 실습(1) | | 4/3/4 |

## 영화 현장으로 진출

대학에서 영화를 전공하지 않은 사람들이 영화를 하기 위해서 상업 영화의 현장이나 독립 영화 현장으로 곧바로 들어서는 경우도 있다. 소위 '충무로'라고 말하는 상업 영화 현장은 1960~70년대 많은 영화사들이 서울 충무로에 모여 있어서 그렇게 불렸지만 이젠 거의 상징적인 의미일 뿐 요즘은 그렇지 않다. 보통 영화를 전공하더라도 학교에서 배운 지식과 실제적으로 사용되는 지식은 다르기 때문에 전공자들도 거의 다 현장에서 처음부터 다시 시작한다. 영화를 제작하는 각 파트는 경력에 따라 그 역할이 달라지는데 처음엔 허드렛일을 하며 현장 분위기를 익히게 되고 경력이 쌓여갈수록 담당하는 파트를 알아 나가며 보통 5~7년 정도가 지나면 자신이 직접 책임자(기사)가 된다. 영화감독 또한 그렇게 많이 다르지 않은데 평균적으로 연출부로 두세 작품을 하고 나면 조감독이 되고 조감독으로 두세 작품을 하면 감독을 하게 된다. 하지만 이것은 당사자의 능력이나 재능에 따라 더 길어질 수도 있고 짧아질 수도 있다. 나이나 학력 제한이 없는 탓에 현장은 다양한 경력과 경험을 가진 사람들부터 고등학교를 갓 졸업한 사람까지 섞여 있고 실제로 제작되는 영화의 한가운데에 서 있기 때문에 많은 것을 한꺼번에 익힐 수 있다. 요즘은 인터넷 속의 영화 관련 모임이나 웹 사이트, 또는 영화 잡지에 구인 광고를 내서 사람을 모집하기 때문에 일자리도 자신이 조금만 찾아보는 노력을 한다면 쉽게 구할 수 있지만 보수는 그렇게 많지 않다.

### 제작 워크숍

일단 난 아무것도 모르니까 무조건 영화를 만드는 법을 배워보지 뭐, 하는 생각에 일반인들이 가장 많이 하게 되는 것은 바로 제작 워크숍workshop이다. 영화 잡지나 인터넷에 심심찮게 올라오는 제작 워크숍은 공인된 언론 기관에서 시행하는 문화 강좌 같은 워크숍이나 기업형으로 발전된 영화 학원에서 실시하는 제작 워크숍, 정체 불명의 누군가가 쓰러져가는 사무실을 차려놓고 실시하는 워크숍까지 그 종류는 굉장히 다양하다. 워크숍은 나름대로 좋은 기능을 가지고 있기도 하고 나쁜 역할을 하기도 한다. 워크숍이라는 것이 일반적으로 3개월, 6개월같이 교육 기간이 정해져 있고 그 기간 안에 모든 과정을 끝마쳐야 하는 특성상 그렇게 깊고 전문적인 교육을 실시할 수 없다. 또한 전문적으로 하려면 할수록 수강생들이 부담해야 하는 금액도 크기 때문에 수강하는 도중 이거 내가 사기 당하고 있는 것이 아닐까 의심하는 경우도 다반사다. 이런 제작 워크숍의 좋은 기능은 영화를 하고 싶어하는 사람들이 가지고 있는 영화에 대한 많은 환상을 대부분 깨뜨려준다는 것이다. 아무것도 준비되어 있지 않은 열악한 환경에서 영화를 제작함으로써 영화를 만드는 것이 멋지고 재미있는 일만은 아니라는 것을 깨닫게 해준다. 실제로 많은 사람들이 엉터리 워크숍을 한번 해보고는 이렇게 구질구질하고 힘들 줄이야 하면서 영화를 만들겠다는 꿈을 깨끗하게 접는 경우가 꽤 많은데 이 경우 진정으로 좋은 영화를 만들 수 있는 사람들이 영화를 포기하게 되는 단점이 있기도 하다. 자신이 실수를 하면 그만큼 큰 손해를 일으키는 현장과는 달리 비교적 부담 없이 영화를 만드는 전 과정을 체험하게 되는 워크숍은 최종적으로 만들어진 영화의 완성도보다는 얼마만큼 작업 과정을 잘 이해하고 받아들였는지가 목적이기 때문에 자신의 노력 여하에 따라 워크숍에서 얻을 수 있는 가치가 다르다. 또한 보는 영화에서 만드는 영화로의 발상의 전환이 이루어진 후에 직업으로 영화를 선택할 것인지를 고민할 수 있기 때문에 조금은 현

워크숍을 하는 대부분의 사람들은 연출을 하고 싶어한다. 하지만 워크숍은 여러 사람이 모여서 한 작품을 만들기 때문에 감독은 한 명밖에 할 수 없다. 명심할 것, 워크숍은 예술 작품을 만들기 위함이 아니라 영화 만들기를 배워보는 것에 그 의의가 있음. 서로 연출을 하려고 고집하지 말고 작업 전체를 이해하고 내 것을 만드는 데 노력해라. 일반적인 워크숍에서는 시나리오를 쓴 사람은 연출과 촬영을 하지 못하게 하는데 한두 사람에게 영화 작업이 집중되는 것을 막기 위해서이다.

실적으로 생각할 수 있게 되는 것도 좋은 기능의 하나이다. 하지만 중요한 것은 워크숍에서 배운 지식들은 맛보기에 불과할 뿐 전문적으로 영화를 할 수 없다는 사실이다. 워크숍에서 가르쳐주는 것은 기본 중에서도 기본, 그 중에서도 기초 중에 기초만 가르쳐주는 것이기 때문에 만약 전문적으로 영화를 하고 싶다면 현장에 들어가서 일을 배우든지 학교를 들어가든지 해야 한다. 또한 한두 번 시행되다가 워크숍 자체가 없어지거나 대부분 수강생들에게 수강료를 받기 때문에 돈만 많이 받고 부실하게 대충대충 가르치는 워크숍도 상당히 많으니까 선택할 때 꼼꼼하게 알아봐야 한다. 믿을 수 있는 기관에서 시행하거나 그 워크숍을 들어본 사람들에게 내용을 들어보고 선택하는 것도 나쁘지 않다.

## 🎥 워크숍의 일반적인 커리큘럼

| | |
|---|---|
| 1주 | 영화 제작 과정과 제작 예산 짜기 |
| | 시나리오: 드라마의 구성, 촬영법: 카메라의 구조 |
| 2주 | 연출법: 화면 구성 및 앵글, 움직임 등등, 촬영 실기: 카메라 조작 |
| 3주 | 야외 촬영 실습, 시나리오 쓰기 |
| 4주 | 연출법: 신scene 분석, 촬영법: 촬영의 응용, 실내 촬영 실습 |
| 5주 | 워크숍에서 제작할 시나리오 선택 |
| | 조명: 조명 이론, 조명 실습: 조명 장비 조작 |
| 6주 | 배우 연기 연출 및 오디션, 조명 실습 |
| 7주 | 장소 헌팅, 오디션, 녹음, 마이크, 영화 음악 |
| 8주 | 콘티, 편집 이론, 편집 실습: 스틴벡 편집 실습 |
| 9주 | 졸업 작품 조별 촬영 |

## 그외 다른 모든 방법들을 한 가지 방법으로

크게 네 가지라고 해놓고선 세 가지만 이야기한 후에 다른 모든 방법이 나머지 한 가지 방법이라니! 하지만 나머지들은 개개인의 상황에 따라 다른 방법들을 선택해야 하는 것이기 때문에 그다지 중요할 것 같지는 않지만 또 상황에 따라선 굉장히 중요할 수도 있다. 위의 세 가지 방법 중에 자신과 맞는 것이 없다면 다음에서 찾아보도록 하고 만약 이 중에도 없다면 그땐 알아서 돌파해야 한다. 먼저 한국의 교육 실정이 맘에 안 들어서 영화로 유학을 가고 싶은 사람은 몇 가지를 필히 고려해야 하는데 먼저 어느 나라든 마찬가지로 영화를 가르치는 학교에 들어가는 것은 굉장히 어렵다. 또한 외국에서 공부하는 거니까 그 나라 언어쯤은 마스터해야 하며 유학 내내 들어가는 엄청난 학비와 생활비가 해결이 된다면 떠나도 좋다. 하지만 유학 갔다 왔다고 돌아오자마자 영화 업계에서 당신을 서태지처럼 열렬히 환영하며 반기는 것은 아니니까 이 점 명심하는 것이 좋다. 상업적이지도 않고 혼자서 할 수도 있는 독립 영화는 위의 경우에서 벗어나지 않을까? 묻는다면 뭐 벗어난다고는 할 수 있지만 독립 영화라고 해서 영화가 가지고 있는 산업적인 측면을 벗어나는 것은 아니라는 점을 잊지 말았으면 한다. 집에 돈이 많아서 그 돈으로 영화를 만든다면 할 말 없지만 독립 영화를 만들 때 들어가는 필름 값이나 상업 영화를 만들 때 쓰는 필름 값은 같기 때문이다. 물론 디지털 기술의 발달로 독립 영화 제작 형식의 다양화가 이루어지면서 제작비에 대한 부담이 상대적으로 적어진 부분은 없진 않지만 영화를 만드는 기술 자체는 상업 영화나 별반 다르지 않고 그에 따른 수고나 노력, 비용도 그다지 차이가 나지 않는다. 오히려 독립 영화의 개념을 이야기할 때에 영화의 산업적인 측면도 고려하지만 가장 중요하게 여겨야 할 부분은 영화가 지향하는 지점이 상업 영화와는 다른 출발점에 서 있다는 것이다. 독립 영화를 하겠다는 생각이 있다면 처음에 갖게 되는 이 생각을 지켜야만 하는데 어렵고 힘든 상황 속에서도 많은 독립 영화를 제작하는 사람들이 인정받는 데는 이런 이유가 존재한다. 하지만 그렇다고 해서 그 생각을 담아내는 그릇인 영화의 기술적 완성도가 문제로 제기되어서는 안 된다는 것도 기억해야 한다. 독립 영화를 하는 방법은 상업 영화에 비해 굉장히 다양한데 그것은 특성상 비상업적이기 때문에 자유 의지에 많이 의존하기 때문이다. 자신이 하고자 한다면 누구도 반대를 하지 않기 때문에 개개인이 하는 방법이 모두 다 하나의 독자적인 방법이 될 수 있다. 독립 영화를 하는 사람일수록 영화를 만드는 방법에 대해서 더 많이 알아야 하는데 그것은 각 부분이 굉장히 세분화, 전문화되어 있는 상업 영화와는 달리 제작자 또는 감독이 많은 부분을 도맡아야 하기 때문에 끊임없이 노력하고 자기 스스로를 업그레이드하지 않으면 안 되기 때문이다. 하지만 처음 영화를 만드는 방법은 어디서든 배워야 하기 때문에 대부분의 경우 위의 세 가지 방법에서 영화에 대한 기초를 배운 후에 자신의 진로를 정하게 되는 경우가 많다. 이런저런 지저분하고 더러운 꼴 보기 싫으니까 독학으로 배워서 모든 것을 혼자 다 해버리겠다고 결심하는 당신, 누구처럼 혼자서 걸작을 만들어 기존의 영화계를 발칵 뒤집어버리겠다고 생각한다면 뭐…… 잘해봐라. 기대는 못 하겠지만 나중에 볼 수 있음 기쁘게 봐주겠다.

## 4. 영화감독에게 필요한 것은?

지금까지 말한 이런저런 모든 것을 생각하고 고려해본 끝에 내가 할 일은 영화감독밖에 없겠군!이라고 단호한 의지를 밝히는 사람이 바로 당신이라면 당신을 위해 이제부턴 영화감독에 대해서 필요한 것만을 이야기하겠다. 만약 그 사이에 영화감독보단 다른 부분의 일에 더 관심이 갔다면 이 책은 그만 보고 자신이 하고 싶은 부분의 전공 서적을 읽는 것이 좋다. (사실 읽는 김에 끝까지 읽어주면 좋겠지만.) 영화감독이 하는 일이란 것이 현장에서 보기엔 하는 일 없이 잔소리하고 여기저기 참견하며 다니는 사람 같아 보이지만, 스태프들은 그 잔소리대로 영화를 만들어야 하고 참견하는 대로 따라가야 하기 때문에 감독보다 백 배, 천 배는

더 많이 그리고 더 정확하고 자세하게 자신의 담당 분야를 알아야 한다. 영화의 기술적인 발전은 과학의 발전과 밀접하게 관련되어 있다. 영화가 담고 있는 것은 예술로서 존재할 수 있지만 그것을 담아내기 위해서는 테크놀로지는 무시할 수 없다. 기술 스태프들은 과학이 발전됨에 따라 업그레이드되는 영화 기술을 습득하고 자신이 만드는 영화에 효과적으로 사용해야 하며 또한 자기 자신만의 영화에 대한 미학과 시선을 가지고 있어야 하기 때문에 감독보다 두 배, 세 배로 더 공부하고 노력하지 않으면 안 된다. 이렇게 말하니까 당신, 그럼 감독은 시키기만 하면 되니까 공부 안 해도 되겠구나 하고 생각하며 낄낄대지 마라. 정신 차려야 한다. 무식하면 누구한테 시키지도 못한다. 무식한 감독에게 나올 수 있는 영화는 날 샌 무식한 영화밖에 없다.

## 무식한 감독에게는 무식한 영화가 나온다

보통 한 편의 영화는 그 영화를 만든 감독의 거울이 되는 경우가 많다. 비록 감독의 쩐쩐한 인간성이나 무절제한 사생활 같은 것은 비쳐지지 않지만 그 감독이 무슨 생각을 하고 이 영화를 만들었는지, 무엇을 말하고 싶은지, 이 영화나 이 주제에 대해서 얼마나 고민을 했는지가 놀라우리만큼 비쳐진다. 물론 기술적인 부분의 미숙함이라든지 조작의 실수, 편집의 기술 부족 같은 시간이 흐르고 경험이 쌓이면 극복되는 문제들도 비쳐지지만 중요한 것은 감독의 사상이나 세상을 바라보는 태도 같은, 다시 말하면 '내공'이 고스란히 드러난다는 것이다. 무협지에서나 나오는 말로 표현할 수밖에 없는 감독의 능력은 감독 자신에게보다는 그 영화를 보는 관객들에게 더욱 솔직하게 비쳐지는데, 관객들이 느끼기엔 기술적인 부분이 약하더라도 내공이 쌓여 있는 감독의 영화는 다음에 제작될 영화가 기다려지지만, 내공이 약한 영화는 어쩌다 재미있을 수는 있을지언정 그 영화의 감독이 누군지 기억 못하는 경우가 허다하다. 그럼 내공은 어떻게 쌓을까? 단전 호흡? 한겨울의 냉수 마찰? 이보세요, 당신. 영화감독 하고 싶다면 그런 유치한 상상력은 접어주길. 내공을 쌓는 방법은 의외로 쉬운데 하나! 영화를 많이 보고, 둘! 세상에 대해서 넓고 깊게 생각하며, 셋! 그 생각을 글로 옮기는 연습을 꾸준히 하면 된다.

**가장 훌륭한 교과서는 영화이며 우리가 살고 있는 세상이다**

어느 날 갑자기, 신의 계시를 받듯 넌 영화인이 되어라 해서 영화를 하고 있는 사람도 있겠지만 그런 사람들은 자기네들끼리 모여서 영화를 하는지 우리가 쉽게 찾아볼 수는 없고, 대부분의 사람들이 영화를 시작하게 되는 계기는 보통 어린 시절 감명 깊게 본 한 편의 영화인 경우가 많다. 그후 수없이 많은 영화를 보면서 꿈과 희망을 키워 나가는 영화 소년 어쩌고저쩌고는 익숙한 이야기인데 그건 중요하지 않고 영화감독이 되고자 하는 사람에게 필요한 내공을 쌓기로는 영화를 많이 보는 것, 이보다 더 좋은 방법은 그다지 많지 않다. 우리가 보는 영화 속에서 우리는 무의식적으로 영화의 모든 것을 배운다. 화면을 구성하는 것, 편집을 하는 방법이나 자연스러운 편집 방법, 사운드를 어떻게 하고, 이야기를 어떻게 이끌어 나가고 등등, 우리가 보는 영화는 우리가 알아야 하는 영화 만들기의 모든 공정을 포함해서 나온 결과물이다. 자신이 어떤 장르의 영화를 좋아한다면 당신은 그 장르에 강한 면모를 지니고 있다는 말도 되며 한 편의 영화를 봤을 때 뇌리에 잊혀지지 않는 장면이 있다면 그 장면 같은 화면 구성이나 이야기 전개를 좋아한다는 것이다. 영화 보기를 좋아하는 보통 관객이라면 한 편의 영화를 한 번만 본다. 하지만 영화를 만들고 싶다면 자신이 좋아하는 영화를 여러 번 봐라. 첫번째 볼 땐 이야기가 보이고, 두번째 볼 땐 화면이 보이며, 세번째 볼 땐 편집이 보이는 등 자꾸 보면 볼수록 영화를 만들기 위해 나에게 필요한 지식들이 눈에 보이게 된다. 모든 영화를 그렇게 볼 필요는 없지만 최소한 자신이 좋아한다고 말할 수 있는 영화, 사람들이 좋아하는 영화들은 여러 번 보면서 왜 좋은지를 따져봐야 한다. 영화는 사회를 반영한다는 어느 영화감독의 말이 있듯이 우리가 사는 세상이 바로 영화의 주체가 된다. 영화 속의 세상이 어떻게 구성되는지를 보려면 우리가 어떻게 살아왔고 살아가며 살게 될 것인지를 보면 된다. 우리가 살고 있는 세상에 대해 넓고 깊게 생각한다면 영화 속의 세상을 만들어갈 때 좋은 자양분이 됨은 두말할 나위가 없다. 역사는 수레바퀴처럼 돌고 세상사는 끊임없이 반복된다. 우리는 그 세상 속에 살고 있고 영화는 그런 우리들이 만든다. 우리가 만드는 영화는 결코 이 틀을 벗어나지 않는다. 그렇다면? 세상에 대한 고민이 깊을수록 영화가 풍부해지는 것은 당연하다. 감독의 생각을 적절하게 스태프들과 공유하기 위해서는 감독의 생각이 공식적이고 객관적으로 씌어진 글이 필요하다. 왜 글쓰기를 연습해야 할까? 아무리 훌륭한 생각일지라도 잘 전달되지 못한다면 무의미하기 때문이다. 잊지 마라, 영화는 바로 시나리오에서 출발한다는 점을.

## 영화 이론, 영화사를 알아야 하나?

내공을 쌓는다는 것이 꼭 지식을 습득하는 것을 의미하는 것은 아니다. 하지만 서점에 가면 영화에 관련된 책들은 영화에 대한 모든 것을 설명하는 엄청난 두께의 영화 총서나 세계 각국의 영화 역사와 그 배경 등을 설명하고 분석해낸 책들, 또는 어떤 감독이나 무슨 비평가의 이름으로 시작하는 영화 이론서들, 그리고 영화 비평서뿐이다. 책을 딱 펼치는 순간, 눈이 아플 정도로 작은 글씨로 가득 메워진 종이를 보면서, 영화를 만들기 위해서 이런 모든 것들을 꼭 알아야 할지 의심이 들지 않는다면 당신은 영화학자나 영화비평가가 더 적성에 맞을 것 같다. 영화감독에게 이론적 지식은 사실 필요하다. 이론적 지식 이전에 과거에 만들어진 영화들을 숙제 하는 기분으로 교과서를 읽듯 한 번쯤 보는 것도 자신이 만들 영화가 과연 어느 맥락에 있는지 파악하는 데 도움이 된다. 과거가 없이는 현재가 있을 수 없듯 1895년에 처음 영화가 만들어진 이후에 몇 가지의 커다란 과학적 발전

 무작정 영화를 많이 보는 것보다는 나름대로 규칙을 정해서 보는 것이 효과적이다. 감독 지망생인 당신에게 한 감독의 필모그래피를 시대별로 순서대로 찾아볼 것을 추천한다. 또한 이 방법은 감독뿐만 아니라 배우, 촬영 감독, 미술 감독 등등 꽤 다양한 기준으로 사용할 수 있는데 자신이 좋아하는 영화를 만든 감독의 영화를 시대별로 보게 되면 자신이 이 감독의 어떤 부분을 좋아하고 있는지, 스스로 무엇에 대해 관심 있어 하는지를 알 수 있다.

과 여러 나라의 영화감독들에 의해 다양해진 영화 형식들은 서로에게 영향을 주며 영화 역사를 이루어왔고 그것들이 차곡차곡 쌓여 현재의 영화의 기반이 되고 있다. 물론 과거 몇천 년의 예술적·과학적 발전보다 근대 100년이 더 비약적으로 발전했으며 근대 100년도 1990년 이후 10년이 그 이전 90년보다 더욱더 놀라운 발전을 이룩해 흡사 지금의 모든 것들이 과거와는 단절된 듯한 느낌이 없지 않지만 그럼에도 불구하고 과거로의 영화 여행은 단순히 영화감독뿐만 아니라 영화를 좋아하는 사람들에게는 누구에게나 좋은 자양분이 된다. 우리가 볼 수 있는 과거의 영화는 극히 한정되어 있으며 그 시절을 살지 못했기 때문에 영화 속에서 말하고자 하는 것들을 다 이해하는 것은 무리가 있다. 그럴 때 우리에게 도움을 주는 것은 많은 영화학자들이 조사하고 분석해놓은 많은 이론들과 숨어 있는 의미를 잊지 않게 도와준 비평, 그리고 왜 그런 영화가 만들어져야 했는지를 알려주는 영화사가 씌어진 책이다. 하지만 절대로 책만 읽어서는 안 된다. 책 속에 나온 영화들을 꼭 보는 것이 중요하다. 비디오 대여점에 가면 책에 나와 있는 영화의 80%는 비디오로 출시되어 있으며 많은 시네마테크에서 특별전의 형태로 영화제를 하거나 비디오를 대여해주기도 하기 때문에 신문이나 영화 잡지, 인터넷 영화 사이트를 유심히 보면 어떤 영화를 몇 시에 하는지도 알 수 있다. 책에서 읽은 내용을 기억하면서 내가 그 영화를 보고 난 후 그 이론에 동의하거나 또는 나만의 의견을 제시하는 것이 내공을 쌓는 지름길이다.

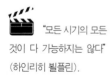 "모든 시기의 모든 것이 다 가능하지는 않다" (하인리히 뵐플린).

| | |
|---|---|
| **1826년** | 사진술의 발명 |
| **1889년** | 코닥Kodak 회사, 셀룰로이드 필름 제조. |
| **1893년** | 에디슨, 핍-쇼peep-show용 기계인 키네토스코프 kinetoscope 제작. |
| **1895년** | 12월 28일 프랑스의 루이 & 오귀스트 뤼미에르 형제 시네마토그래프cinematographe 제작, 파리의 그랑 카페에서 첫 영화인 다큐멘터리 「공장을 떠나는 노동자들」 상영. 뤼미에르 형제는 영화의 미래를 어둡게 봤지만 그 이후 전 세계적으로 영화가 퍼짐. |
| **1896년** | 일본, 영사기와 작품을 들여와 공개. |
| **1897년** | 마술사 조르주 멜리에스, 태양광을 이용한 자신의 스튜디오를 건립함으로써 처음으로 영화 세트의 개념을 세움. |
| **1898년** | 조르주 멜리에스, 트릭 영화를 만들다 우연히 발견한 이중 촬영, 페이드인, 페이드아웃, 촬영 속도 조절을 발견, 영화적인 표현을 넓히면서 극영화의 시초 격인 작품을 발표. |
| **1900년경** | 우리나라에 영화 도입, 왕실과 외교관 등 한정된 사람들만 봄. |
| **1902년** | 조르주 멜리에스, 환상적인 영화 「달세계의 여행」 발표, 이후 4천 편 이상의 작품을 제작. |
| **1903년** | 에드윈 S. 포터, 고전적 할리우드 영화의 초기 전형인 「대열차 강도」를 발표, 연극적인 무대에서 벗어난 극영화의 형식적인 기초를 확립. |
| **1903년** | 우리나라, 입장료로 담배의 빈 갑을 받으며 대중 상영. |
| **1907년** | 미국의 상업주의적 영화 제작에 대응하여 프랑스의 몇몇 예술가들이 '필름다르' 영화사를 만듦. 프랑스 고전 문학 등을 영화로 제작, 이후 루이 델뤼크가 중심이 된 영화 혁신 운동의 계기가 됨. |
| **1908년** | 영화의 아버지라 불리는 미국의 D. W. 그리피스 첫 작품 「돌리의 모험」을 발표. 이후 5년 동안 15분에서 30분 정도의 수백 편의 영화를 제작. 클로즈업close-up이나 컷백 cut-back 같은 표현 방식을 개발, 당시까지 원 신 원 숏의 개념에서 분석적인 화면 전개 방식으로 확대. |
| **1915년** | D. W. 그리피스, 남북 전쟁을 배경으로 한 영화 「국가의 탄생」 발표. |
| **1916년** | D. W. 그리피스, 높은 예술성의 영화 「인톨러런스」 발표함으로써 영화의 중심지를 유럽에서 미국으로 가져옴. 이후 미국 할리우드를 중심으로 다양한 영화가 제작됨으로써 영화 형식들이 확립됨. |

### 1919~1924년까지의 독일 표현주의

로베르트 비네 「칼리가리 박사의 밀실」(1920)

F. W. 무르나우 「노스페라투」(1922), 「마지막 웃음」(1924)

프리츠 랑 「니벨룽겐」(1924), 「메트로폴리스」(1927)

### 1918년~1930년까지의 프랑스 인상주의와 초현실주의(아방가르드)

아벨 강스 「전쟁과 평화」(1918), 「철로 La Roue」(1922), 「나폴레옹」(1927)

루이 델뤼크 「흥분」(1921), 「홍수」(1924)

제르멘 뒬라크 「조개와 성직자」(1928)

루이스 부뉴엘 「안달루시아의 개」(1928), 「황금 시대」(1930)

### 1924년에서 1930년까지 소비에트 몽타주

지가 베르토프 「키노 프라우다」(1922), 「카메라를 든 사나이」(1929)

세르게이 에이젠슈테인 「파업」(1924), 「전함 포템킨」(1925), 「10월」(1928)

## 상상력과 통찰력

영화 많이 보고 공부 많이 한다고 해서 모두 다 영화감독이 될 수 있을까? 냉정하게 말하면 그렇지는 않다. 영화감독에게 가장 필요한 것은 이야기를 구성하고 그것을 화면으로 만들어내는 재능이다. 이미 존재하는 모든 예술 장르를 포함하고 있는 영화에서 감독은 모든 예술 작가들과 같이 기본적으로 동등한 창조적 능력을 가지고 있어야만 하며 애석하게도 그런 재능은 학습에 의해 길러지기보단 타고나는 경우가 많다. 그렇다면 평범한 사람은 영화를 만들지 말라는 말인가? 그렇다. 자신이 평범하다고 벌써부터 나약하게 꼬리를 내린다면 영화를 만들려고 하지 마라. 앞에서 말했듯 영화를 만들기 위해서 가야 할 길은 너무나도 멀고 험하다. 자신이 재능이 있는지 없는지 아직 잘 모르겠다면, 분명 재능이 있는 것 같은데 실력 발휘가 아직 안 된 것 같다고 생각한다면, 물론 다 그렇게 생각하겠지만, 있다는 가정을 하고 능력을 길러보자. 재능은 구체적으로 이야기하면 상상력과 통찰력, 두 가지 정도로 모아지는데 상상력과 통찰력은 어느 정도는 학습에 의해 길러지기 때문에 평범한 사람들도 일정 수준에 도달할 수 있다.

### 상상력

영화는 철저하게 인간의 상상으로부터 출발한다. 실제 있었던 이야기를 극화하거나 심지어 다큐멘터리를 찍을 때에도 상상력은 가장 필요한 요소 중 하나이다. 여기서 말하는 상상력은 단지 이야기를 만들어내고 상황을 꾸며내는 것에만 국한되지는 않는다. 영화는 아무것도 없는 상태에서 모든 것을 만들어낸 후 그 중 가장 적합한 것을 골라 결정하는 과정으로 만들어진다. 이야기를 상상해내고 그 이야기를 어떻게 표현할 것인지를 상상하며 어떤 화면 앵글로 찍을 것인지, 소리는 어떻게 입힐 것인지 등등 이런 모든 것을 상상해야 하고 그 중 가장 좋은 것이 바로 영화로 만들어진다. 그럼 상상력은 어떻게 길러질까? 상상은 모든 것에 대한 다양한 관심에서부터 출발한다. 접하게 되는 많은 사실에 대해 정보로서 받아들이는 것과 동시에 그것이 왜 그렇게 되었는지를 거슬러 올라가보는 것 또는 그 이후에는 이렇게 되지 않을까 하고 생각하는 것이 상상력을 기르는 시작점이 될 수 있다. 비록 영화의 역사는 100년이 조금 넘지만 수천 년 동안 발전해온 모든 장르의 예술을 포함하고 있기 때문에 다른 장르의 예술들을 보고 읽고 듣는 것도 상상력을 기르는 데 많은 도움을 준다. 신문이나 소설을 읽고 음악을 들으며 그림을 보는 것에서부터 이미 만들어진 많은 영화를 보는 것과 많은 사람들과 이야기하는 것도 상상력을 기르는 데 도움이 되는 것은 물론이다. 하지만 읽고 보고 듣기만 해서는 안 된다. 중요한 것은 모든 것을 다양하게 접하고 난 뒤 그것들을 자신의 사고로 정리해내고, 그 느낌을 기억하며 자신만의 방법으로 새롭게 해석하고 이야기하는 것이 꼭 필요하다. 잠깐, 상상력이라면 기발해야 하는 것이 아니던가? 이건 표절이나 패러디가 아닌가? 하고 발끈하는 당신, 명심해라. 아무리 엉뚱하고 신선한 생각들도 그 기반은 역사와 현실 속에 있다는 것을. 해 아래 새것은 없다!

### 통찰력

영화를 만드는 데 있어서 그 영화가 아무리 기발하고 신선한 상상으로 중무장되어 있더라도 그것이 전체적으로 잘 섞여 있지 않다면 다 소용없는 지루하고 유치한 영화가 된다. 단지 이야기를 만들어내는 것만으로는 한정된 시간 내에 의도한 것을 다 보여줄 수는 없다. 이야기를 어떻게 구성해 나가느냐를 결정하는 데는 그 이야기를 전체적으로 파악하고 적재적소에 배치하는 통찰력, 구성 능력이 필요하게 되는데 통찰력이 뛰어날수록 영화를 만들 때 나무가 아닌 숲을 봄으로써 에피소드가 나열되는 이야기가 아닌 커다란 하나의 틀을 가진 멋진 영화를 만들 수 있다. 또한 내용의 구성뿐만 아니라 극장에서 보게 되는 영화를 만들기 위해 현장에서 벌어지는 많은 일들, 잘되거나 또는 잘되지 않거나 전체적인 일정을 고려하며 웃으면서 잘 처리해 나가기 위해서 필요한 것은 자신이 하고 있는 작업 전체를 한눈에 파악하고 처리할 수 있는 통찰력이다. 스스로 천재라 생각하고 혼자서 영화 한 편 만드는 데 10년씩 만든다면 할 말 없지만 보통은 혼자서 영화를 만들 수 없다. 단편 영화도 다큐멘터리도 모두 다 마찬가지다. 좋은 영화를 만드는 데 필요한 조건 중엔 의외로 어떤 사람과 영화를 만들었느냐와 얼마만큼 그들과 관계가 좋았는지가 들어간다. 감독이 영화를 만드는 방법을 잘 파악하지도 못해 우왕좌왕하며 불필요한 일들을 계속 만들면 같이 일하는 사람들이 고생하는 것은 불을 보듯 뻔하다. 이쯤 되면 서로서로 불신의 벽이 생기게 되고 감독이 아무리 혼자서 이리 뛰고 저리 뛰어도 이미 소용이 없어진다. 작업을 전체적으로 파악하고 사람들에게 자신이 원하는 것을 효과적으로 요구할 수 있는 능력을 기르기 위해, 영화를 직업으로 선택한 사람들은 오랜 기간 동안 연출부를 하는 것이다. 연출부는 감독의 옆자리에서 작업 전체를 바라볼 수 있는 자리이다. 상업 영화건 주위에서 단편 영화를 만들건 누군가가 연출부를 구한다면 내가 어찌 연출부를, 나에겐 감독만이 존재할 뿐! 하고 코웃음 치지 말고 기꺼이 해야 한다. 통찰력을 기르기 위해서는 경험만큼 중요한 것은 없다. 영화감독은 영화를 만드는 현장에서 유일하게 결정을 내릴 수 있는 사람이다. 영화감독의 결정에 따라 영화의 방향이 결정되고 스태프들과의 관계도 결정된다. 즉 좋은 영화를 만드는 것은 감독 하기 나름이다.

### 가장 기본적인 영화 연출

그렇다면 영화감독이 하는 일은 과연 뭘까? 에이, 영화를 만드는 거라고 하지 말고. 각 스태프들이 촬영 · 녹음 · 편집 등등 각각의 맡은 부분이 있듯 감독의 일은 영화를 연출하는 것이다. 그럼 영화를 연출한다는 것은? 세세하게 말한다면 꽤 많지만 크게 나누면 첫째, 화면에 따라 숏shot의 크기와 움직임moving, 그리고 각도angle를 결정하는 화면 구성이며, 이 영화를 어떻게 끌고 나갈 것인지 이야기의 시점과 방향을 정하는 것이 그 둘째이고, 배우들의 연기를 의도한 방향으로 지도하는 것이 셋째, 마지막으로 원하는 것을 스태프들에게 정확하고 원활하게 요구하는 것이다. 중요한 것은 이 모든 것을 배우는 데 정답은 없다는 것이다. 내가 원하는 대로 결정하면 그것이 나의 스타일이 되는 것이다. 이것 다음 저것, 저런 장면에는 이런 방법으로 해야 한다는 건 존재하지 않기 때문에 모든 사람의 영화가 다를 수 있다. 상상력과 통찰력을 발휘해서 독창적인 연출을 하면 그것이 바로 당신의 영화가 되는 것이다.

## 화면 구성

화면 구성의 가장 큰 원칙은 의미없는 것은 화면에 두지 않는다는 것이다. 사각형의 프레임 안에 찍혀 있는 모든 것들은 특별한 아니 작은 의미라도 지니고 있어야 한다. 예를 들어 주인공의 집에서 이야기가 전개된다면 화면 속에 보이는 집 안의 물건들은 주인공의 성격을 반영한다든지, 이야기의 복선을 위해서 필요하다든지 하는 식으로 말이다. 혹은, 화면 속의 텅 빈 공간을 채우기 위해서라도 무엇인가를 화면 안에 넣을 수도 있겠지만 보는 관객이 감독의 의도와 관계없이 제멋대로 해석하고 상상하는 것을 원치 않는다면 조심하는 것이 좋다. 배우의 연기만으로, 상황의 전개만으로 감독의 생각이 관객에게 전해지는 것이 아니다. 화면을 어떻게 구성하느냐에 따라 백 마디 대사로 설명할 것을 한 장면으로 처리할 수 있다. 물론, 만들려고 하는 장르에 따라 컷의 수가 달라지겠지만 일반적으로 컷 수가 많으면 정신이 없다. 그래서 액션이나 SF 영화의 경우 컷의 수가 많은 것이다. 화면 사이즈size와 앵글, 그리고 무빙은 독립적으로 존재하는 것이 아니다. 하나의 컷을 구성하는 데는 기본적인 세 가지에 더 많은 것들, 예를 들면 특수 촬영이라든지, 컴퓨터 그래픽이라든지, 애니메이션 · 조명 · 음악까지 포함된다. 숏의 크기나 움직임, 각도를 정하는 것은 전적으로 감독 마음

대로 결정한다. 한 장면을 어떤 숏으로 찍을 것인지, 숏과 숏
을 어떻게 구성하는지에 따라 화면이 가지게 되는 의미가 다
르고, 이런 방법에 대해서 수많은 영화학자들과 비평가들이
분석을 했지만 그렇다고 그게 정답은 아니다. 그렇기 때문에
내가 어떤 화면을 찍기 위해 결정하는 요소들은 자기 나름대
로 의미가 있어야 한다. 단순히 보여주기 위해 나열되는 의
미없는 화면들은 러닝 타임만 늘일 뿐이다. 사실 크기와 움
직임, 그리고 숏의 각도는 설명하기 위해 구분했을 뿐 보통
은 동시에 사용한다. 여기에 화면의 피사계 심도를 이용하여
화면의 원근감까지 살릴 수 있는 렌즈의 선택까지 곁들여서
화면을 구성하게 된다. 네 가지의 경우를 섞는다면 하나의
장면을 설명하기 위해 당신의 창조적 능력을 발휘하기에 충
분한 경우의 수가 나올 것이다. 화면 구성을 위해 자신이 좋
아하는 영화의 좋아하는 장면을 컷 단위로 그려보고 실제로
비슷하게 찍어보는 것은 아주 훌륭한 연습이 되기도 하는데,
비디오로 한 장면씩 돌려가며 사이즈, 무빙, 앵글과 어떤 렌
즈를 썼는지, 그 다음 장면에 어떤 숏이 왔는지 종이에 그려
가면서 내용과 흐름을 비교하면서 확인하고 찍어보면 영화
연출은 물론 편집까지도 단번에 연습이 된다.

　화면 사이즈와 화면 앵글: 이거야말로 감독과 촬영 기사
가 원하는 대로 정하는 부분이긴 하지만 이론적으로 완성되
었고 개념적으로 정해져 있는 앵글들로 스태프들 간의 의사
소통을 하기도 한다. 영화 역사 100년 동안 해봐서 검증된

단독shot

C.U

twoshot

B.S

F.S
「저수지의 개들」(1992)-쿠엔틴 타란티노 Quentin Tarantino

**화면 사이즈**

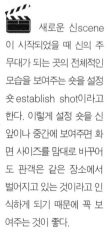

W.S

안정적인 화면 사이즈로 F.S, W.S, B.S, C.U가 있고 전체 장면을 보여주기 위한 마스터 숏 master shot이라든지 익스트림 클로즈업 extream close up도 가능하다. 대략 어디서 어디까지라는 말이지 꼭 지켜야 하는 것은 아니며 앵글도 마찬가지이다. 사이즈와 앵글은 글의 문법처럼 영화의 규칙을 정하는 기본 요소들이기도 하다. 그렇기 때문에 각 사이즈와 각 앵글은 나름대로의 의미를 가지고 있다. 하지만 절대적인 것은 아니니까, 새롭게 정의를 내릴 수도 있다.

새로운 신 scene이 시작되었을 때 신의 주무대가 되는 곳의 전체적인 모습을 보여주는 숏을 설정 숏 establish shot이라고 한다. 이렇게 설정 숏을 신 앞이나 중간에 보여주면 화면 사이즈를 맘대로 바꾸어도 관객은 같은 장소에서 벌어지고 있는 것이라고 인식하게 되기 때문에 꼭 보여주는 것이 좋다.

무빙: 두 개의 컷을 하나로 묶을 수도 있고, 화면이 움직이면서 생기는 동적인 효과를 얻을 수도 있는 방법으로 카메라 무빙을 선택하게 되지만 조심해서 사용하지 않으면 유치함의 극치를 달리게 된다. 왜냐하면 카메라 무빙은 '이것은 실제가 아니라 영화다'라는 것을 고백하는 방법이기 때문이다. 애써 영화에 몰입하게 만들었는데 어설픈 무빙으로 보는 사람으로 하여금 영화에 대한 집중을 깨지게 하면 그 영화가 엉성하게 되는 것은 당연하다. 이것 또한 나름대로 정해진 규칙은 있지만 알아두되 꼭 따를 필요는 없다.

화면 구성mise-en-scéne: 언어에 문법이 있고, 음악에 코드가 있다면, 영화엔 화면 구성이 있다. 편집과 함께 영상 문법이라 불릴 만큼 중요한 화면 구성은 가장 독창적일 수 있고 만드는 사람의 개성과 자질과 능력 등을 보여주는 척도가 되기도 한다. 기본적인 규칙을 벗어나지 않는다면 한 영화의 특징을 살리는 부분이며 영화를 만들 때에도 가장 많이 신경을 써야 한다. 화면을 구성함에 있어 가장 필요한 능력은 바로 상상력과 통찰력이다. 풍부한 상상력으로 만들어내는 새로운 화면 구성은 그 영화의 생명이며, 그 컷이 전체 영화 내용과 조화를 잘 이루는 것을 예측해내는 능력이 바로 통찰력이다. 화면을 어떤 사이즈로, 어떤 앵글로, 어느 정도 깊이로 담아내느냐를 찍기 전에 상상해야 하며 그것의 완성도를 끊임없이 고민하는 통찰이 필요하다. 또한 화면 구성을 하는 것은 단순히 화면의 틀에만 국한되는 것이 아

## 무빙과 앵글(Pan, Tilt, Dolly)

**❶ pan**

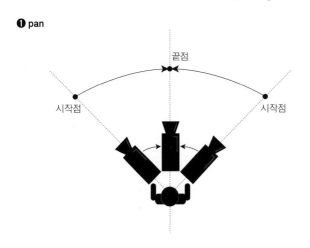

 카메라 전체가 움직이는 돌리dolly와 달리 팬pan이나 틸트tilt는 삼각대 위에 카메라를 고정시킨 채 움직이는 것이기에 카메라가 움직이는 과정에서 생각처럼 잘 움직여주지 않는다. 팬이나 틸트를 할 때는 먼저 각 무빙의 끝점에 카메라의 정면과 촬영자의 시선이 정면을 바라보게 설치한 후에, 시작점으로 몸을 비틀고 카메라만을 움직인 후 촬영할 땐 비튼 몸을 풀면서 다시 카메라가 정면을 보게 움직이면 매끄럽고 능숙한 무빙이 된다.

**❷ tilt, angle**

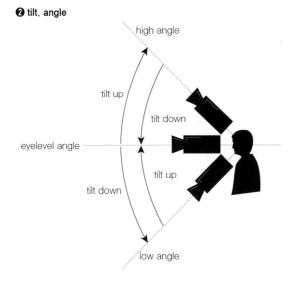

니라 그 안에 어떤 조명을 하고 배우들이 어떤 분장을 하며 어떤 의상을 입는지 그리고 공간을 어떻게 배분하고 배우들을 움직이게 하는지까지도 포함한다. 한 컷의 시간이 길고 짧음까지도 화면 구성의 중요한 요인이 되니까 화면을 구성할 때 표현할 방법이 없다거나 쉽게쉽게 구성한다면 비난받아 마땅하다. 좋은 화면 구성을 위해 항상 염두에 둬야 할 세 가지가 있는데 바로 헌팅hunting과 오프프레임off-frame 그리고 사운드를 잘 쓰는 것이다. 대부분의 영화는 배우들의 연기와 대사로 이루어지게 된다. 그렇기 때문에 시나리오를 쓸 때부터 배우에게 영화의 모든 것을 집중하게 된다. 하지만 연기자 뒤로 보이는 배경을 화면 구성을 할 때 잘만 이용하면 배우의 대사와 연기를 많이 줄일 수 있다. 배경은 제2의 대사이며 연기이다. 주인공의 출신 성분이나 배경을 설명하고 싶을 때 백 마디의 대사보다 그 사람의 출신지를 한번 보여주거나 연상이 되는 단어를 한두 마디쯤 쓰면 더 효과적이라는 것은 일상적으로 보는 영화 속에서 아주 잘 드러나 있다. 그래서 헌팅은 영화를 만드는 과정 중에 상당히 중요한 역할을 담당하며, 헌팅을 얼마만큼 잘하느냐에 따라 화면을 어떻게 구성하는지가 결정된다. 또 화면을 구성할 때 보이는 화면에만 집중하는 바람에 놓치게 되는 것이 두 가지가 있는데 하나는 오프프레임이고 또 하나는 소리로 한 컷을 구성하는 것이다. 영화가 비쳐지는 네모난 한 프레임에는 일곱 개의 공간이 숨어 있다. 정면에서 보이는 화면과 전, 후, 좌, 우, 그리고 화면의 뒤쪽과 우리가 바라보고 있는 화면의 앞쪽. 비록 화면엔 비쳐지지 않지만 관객들은 보이지 않는 그 공간을 인식하고 있고, 이를 오프프레임이라고 한다. 이 오프프레임을 가장 잘 이용하는 영화가 바로 공포 영화이다. 오프프레임은 화면을 구성함에 있어 공간적인 자유를 주기 때문에 시작 부분에 마스터 화면으로 그 공간 전체를 보여준다면 그 다음부터는 화면의 오른쪽엔 뭐가 있고, 왼쪽엔 뭐가 있는 것을 일일이 설명하지 않아도 되며 소리나 제3의 행동을 이끌어낼 수 있다. 상상력의 가장 많은 부분을 차지하는 것은 시각적인 부분이 아니라 청각적인 부분이다. 화면에는 보이지 않지만 소리가 들린다면 보는 사람들은 본 것처럼 상상하게 된다. 소리를 잘 이용하면 한 화면에 두 가지 의미를 띨 수 있는 멋진 화면 구성을 할 수도 있다.

### 영화가 나아갈 방향: 시점의 선택

국어 시간에 배운 소설의 시점은 영화를 풀어 나가는 방식으로도 사용한다. 그도 그럴 것이 글로 읽음으로써 이야기를 습득하는 소설이나 눈으로 보고 귀로 들으면서 이야기를 얻게 되는 영화나 이야기를 전달한다는 점에서는 같기 때문이다. 1인칭 시점, 3인칭 시점, 그리고 전지적 작가 시점처럼 영화를 어떤 방식으로 풀어 나갈 것인지는 참으로 중요한데 어떤 방식을 택하느냐에 따라 똑같은 이야기라도 전혀 다르게 보일 수 있기 때문이다. 강박관념처럼 영화의 줄거리를 보여줘야 한다는, 즉 입으로 이야기를 전하는 것처럼 하기 위해 스토리에만 집중하다 보면 시점이 일정하지 못하고 뒤죽박죽 섞여 혼란을 불러일으키는데 이렇게 되면 나중엔 산만하고 유치한 영화가 되기 딱 좋다. 보통 시나리오 단계에서 결정되는 영화의 시점은 줄거리의 전달뿐만 아니라 만드는 영화에 대하여 감독이 가지고 있는 생각을 적절하게 전달할 수 있는 가장 좋은 방법을 택하는 것이 중요하다. 이것도 물론, 감독이 정해야 하고 화면을 결정하는 숏과 이야기를 전달하는 시점을 결정했다면 이제 극중 배역에 어울리는 배우들을 캐스팅해서 원하는 연기가 나올 때까지 연습을 하는 것과 스태프들과 함께 같이 만들어 나갈 영화에 대한 수없이 많은 회의와 실험만이 남게 된다.

물론, 이 정도 글만 읽고 영화 연출을 다 알았다고 생각하는 사람은 없겠지만 노파심에 한마디 하면 영화감독이 되기 위해서는 최소한, 정말로 최소한 앞에서 이야기한 것들을 직접 다 해보고 왜 그런지를 이해하고 또 응용까지 할 수 있어야 한다. 또한 서점에 가서 영화 코너에 꽂혀 있는 영화 연출에 관해 전문적으로 씌어진 책을 한 권 이상은 꼭 읽어야 한다. 비록 그 책에 씌어져 있는 지식들이 내가 지금 만드는 영화에 직접적인 지식과 영향을 주지 않을지라도 연출에 대해 생각할 수 있는 단초를 제공한다는 면에서 보면 그 정도 시간 투자의 가치는 충분하다. 가능하다면 학자들과 비평가들이 밝혀놓은 숏의 의미들과 구성의 일반적인 방법들도 읽고 이해해야 하는데 책에 나온 것을 내가 똑같이 만

들 것은 아닐지라도 내공을 쌓기 위한 기본기로서 그 지식
들은 꼭 필요하다. 이렇게 연습을 하다 보면 어느 순간, 영
화로 만들고 싶은 하나의 이야기가 떠올랐을 때 다른 사람
에게 그것을 말로 설명하기보다 화면으로 설명하는 것이 더
익숙해질 때가 다가올 것이다. 앗! 이럴 수가. 그 순간이 바
로, 스스로 자기 영화를 만들 준비가 다 되었다고 자신에게
보내는 사인이다. 그렇다면? 무엇을 망설이는가. 이제 남은
것은 신나게 영화를 만들어보는 것뿐!

제2장

READY!

자, 이제 영화를 만들기로 단단히 결심을 했다면 정신을 똑바로 차리고 하나하나 준비해 나가기로 하자. 그 전에 밝혀둘 것이 하나 있는데 이 책에서 만드는 영화는 디지털 영화라는 것이다. 디지털 영화의 정의는 미학적 관점이나 또는 형식적 관점, 제작적 관점에 따라 다양하게 내릴 수 있는데 여기서 말하는 디지털 영화는 디지털 카메라로 찍는 영화를 의미하며 디지털 영화의 미학적·사회학적 의미에 대한 이야기를 다루는 것은 아니다. 단순히 어떻게 영화를 만들 수 있을까? 하는 즉, 만드는 방법만을 이야기하려고 한다. 영화를 만든다면서 필름으로 만드는 것 아니었어? 하고 눈이 커지는 당신, 알아둬라. 일단 영화를 만드는 데 실제로 알아야 할 과정, 그 방법 자체는 필름으로 만드는 것이나, 디지털로 만드는 것이나 별 차이가 없다. 차이라면 각각의 제작 사양에 따른 전문 지식들인데 이건 단순하게 책 한 권을 보고 알 수 있는 내용이 아니다. 제5장에서 필름과 디지털의 차이를 밝히겠지만 필름으로 영화를 제작하는 것은 굉장히 복잡하고 많은 경험과 노력이 필요하다. 이 책에서는 영화를 처음 만들어보려는 사람들을 기준으로 영화를 만들기 위해 무엇을 어떻게 준비하고 어떤 것을 신경 쓰며 어떤 과정을 지나야 한 편의 영화가 만들어지는지를 중점적으로 이야기할 것이다. 생초보자들이 이런 내용들을 쉽고 정확하게 이해하게끔 하기 위해서 책에서 말하는 제작 과정을 쉽게 따라할 수 있고 필름에 비해 상대적으로 접근하기 쉬운 디지털을 이야기의 도구로 선택했을 뿐이다. 전문적인 필름 제작 방식을 다룬 책들은 굉장히 많이, 그리고 다양하게 서점에 나와 있다. 만약 당신이 스스로 이 책에서 말하는 정도의 지식은 나도 가지고 있어, 난 좀더 고급스런 내용을 알고 싶어! 하고 부르짖는다면 당장 이 책을 덮고 서점으로 달려가거나, 현장으로 뛰어가도록 해라.

우리가 극장에서 보는 영화들은 짧으면 100분, 길면 서너 시간짜리들이지만 그것을 만들기 위해서는 적게는 1년, 많게는 10년 이상 걸리는 영화들도 많다. 영화감독들의 필모그래피filmography를 살펴보면 보통 3년에서 5년 정도 사이를 두고 한 작품씩 만들게 되는데 그 사이에 놀고 먹는 것이 아니라 다음에 만들 영화를 준비하고 있기 때문이다. 물론 모든 감독들이 그런 것은 아니지만…… 여하튼 상영 시간이 100분이라고 해서 그 영화를 만드는 데 100분 걸리는 건 아니라는 이야기다. 하지만 아무리 생각해도 너무 오래 걸린다고 생각되지 않는가? 막상 영화를 촬영하고 후반 작업을 해서 극장에 개봉하기까지 우리나라의 경우 보통 3개월에서 6개월 사이, 외국에선 6개월에서 1년 정도 사이에 다 해내고 있다. 그렇다면 어디서 이렇게 시간이 오래 걸리는 것일까?

프리프로덕션pre-production이라고 불리는 작업은 말 그대로 영화를 만들기 위해 사전에 준비하는 작업을 통틀어서 말하는데 영화를 만드는 기간 중에서 60% 이상은 이 프리프로덕션을 수행하느라 소비된다. 프리프로덕션 과정 속에는 영화를 만들기 위해 준비해야 하는 모든 것들, 시나리오를 쓰고 콘티를 그리고 촬영 계획표를 짜고 하는 식의 과정이 하나의 도표처럼 그려지게 된다. 보통은 이 작업의 순서대로 준비하면 촬영 전까지 영화를 만들기 위해 해야 할 것은 모두 다 갖추게 된다. 프리프로덕션 과정을 통해 머릿속에 있던 영화는 어느 정도 구체화되어 같이 만들 사람들과 생각을 공유하게 되며 작업을 할 수 있는 실질적인 준비도 갖추게 된다. 영화를 만드는 과정은 최종적인 완성품을 염두에 두고 그것을 준비하는 과정인 프리프로덕션과 준비된 것들을 바탕으로 완성품의 소스를 준비하는 과정인 프로덕션, 즉 촬영, 그리고 완성품으로 만드는 과정인 편집과 녹음 같은 포스트프로덕션으로 나눌 수 있다. 엄밀하게 말하자면 영화를 만드는 것은 촬영을 하고 후반 작업을 하는 것이다. 하지만 촬영과 후반 작업에 대한 계획 없이 덤벼들었다가는 낭패를 본다. 영화뿐만 아니라 세상사가 다 그렇다. 불타는 투지로 영화를 만들어야지! 하고 각오는 했지만 제일 먼저 뭘 해야 할지, 어떤 것들을 해야 할지 모른다면 이제 시나리오를 쓰는 것으로부터 프리프로덕션을 시작해보자!

## 1. 시놉시스

영화를 만들기 위해 우리가 해야 할 첫째 작업은 시놉시스synopsis를 쓰는 것이다. 시놉시스는 우리가 만들려고 하는 영화를 간단하고 명료하게 짧게는 열 줄에서 아주 길어봐야 A4 한 장을 넘기지 않게 쓴 큰 개념의 줄거리와 같다. 우리가 보는, 거의 대부분의 영화의 어마어마한 내용들은 보통 아주 작은 아이디어 하나에서 출발하거나, 말하고자 하는 주제에 살을 붙이면서 이루어지는 경우가 많다. 이렇게 시나리오에 하나하나 덧붙여서 써 나가다 보면 처음에

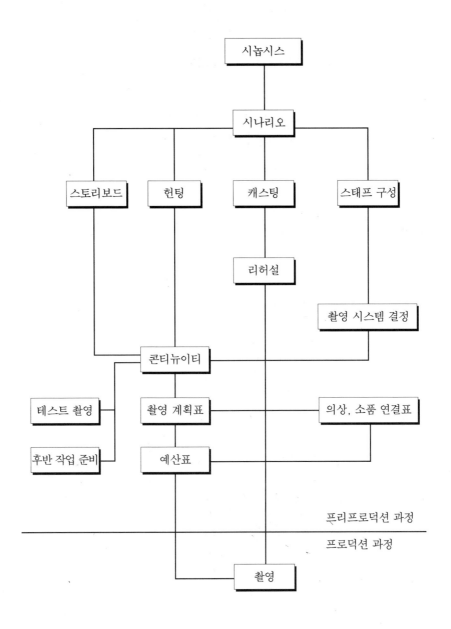

시놉시스

시나리오

스토리보드   헌팅   캐스팅   스태프 구성

리허설

촬영 시스템 결정

콘티뉴이티

테스트 촬영   촬영 계획표   의상, 소품 연결표

후반 작업 준비   예산표

프리프로덕션 과정

프로덕션 과정

촬영

내가 하려고 했던 이야기가 뭔지 잘 모르게 되거나 이야기의 전개가 왠지 삐걱거리게 되기도 한다. 시놉시스를 시나리오보다 먼저 쓰는 이유는 바로 여기에 있는데 구체적으로 상황을 묘사하기보다는 영화의 전체적인 구성이나, 이야기의 주제를 선명하게 밝혀놓을 수 있기 때문이다. 주요 등장 인물과 중요한 상황이나 사건들, 영화가 어떤 방식으로 진행되고 어떤 결말이 나는지 정도만 씌어져 있다면 그 시놉시스는 좋은 시놉시스라 할 수 있다. 시나리오를 쓰다가 어느 순간 앗! 하고 꽉 막혀버리게 되었을 때 마스터 키처럼 시놉시스를 다시 읽으면 처음에 생각했던 것이 떠오르게 된다. 이처럼 자신의 시나리오를 객관적으로 살펴보게 하는 마법을 가지고 있는 시놉시스에서 가장 중요한 것은 ① 주절주절 설명하지 말고 ② 간단명료하게 ③ 핵심을 짧게 쓰는 것이다.

 시놉시스를 쓰는 것은 무슨 영화를 만들 것인지를 정하는 것이다. 글쓰기도 마찬가지지만 피해야 할 것은 자신의 이야기를 쓰지 않는 것이다. 자신의 인생이나 경험이 영화 속에 은유적으로 배어 나오는 것은 좋지만 직접적으로 자신이 살아온 길을 영화로 만든다면 그 영화는 만든 사람만 감동적인 영화가 된다. 혼자 방에 숨어서 볼 영화를 만드는 거라면 뭐…… 할 수 없고.

 시놉시스 쓰기

등장 인물과 전체적인 배경, 상황, 그리고 이야기의 줄거리를 파악할 수 있는 정도로 기승전결에 맞춰 열 줄에서 A4 용지 한 장 정도 분량으로 만들고 싶은 이야기의 시놉시스를 쓰자.

## 2. 시나리오

시놉시스를 다 썼다면 그것을 바탕으로 시나리오scenario
를 써야 한다. 좋은 영화는 좋은 시나리오에서부터 출발한
다. 시나리오가 좋을수록 멋진 영화가 나올 가능성이 높다.
가능성이 높다고? 단지? 다시 말하면 시나리오가 좋다고
해서 영화가 꼭 좋은 것은 아니다. 좋은 영화가 만들어지기
위해서는 감독의 재능, 스태프의 기술, 배우의 능력 같은 그
리고 그외에도 수없이 많은 것들과 하늘의 운까지 더해져야
하기 때문이다. 하지만 좋은 영화가 만들어지기 위한 가장
중요한 조건은 역시 시나리오일 수밖에 없기 때문에 우리는
최대한의 고민을 여기에 쏟아 부을 수밖에 없다. 시나리오
는 영화가 만들어지기 이전에 영화를 떠올릴 수 있는 즉, 글
로 쓴 '읽는 영화'와 같다. 철저한 조사와 고증, 수없이 많
은 생각의 정리들을 거쳐서 써내면 그 노력과 정성은 영화
에 고스란히 녹아들게 되는 것이 시나리오의 매력이다. 시
나리오를 쓰는 데 정해진 규칙은 사실 없다. 쓰는 사람 마음
대로, 철저하게 작가의, 감독의 재능에 따라 다른 시나리오
의 운명은 그럼에도 불구하고 우리가 학교에서 국어 시간에
배웠던 많은 규칙들을 가지고 있다. 꼭 필요한 것은 아니지
만 그래도 100년 정도 영화의 역사가 흐르는 동안 밝혀진,
시나리오를 쓰는 데 도움이 되는 몇 가지 규칙이 있고 이것
을 지키는 것이 좋다.

## 신(S#)—시퀀스

시나리오를 이루는 기본 단위로 S#1, S#2······ 식으로 쓰는 신scene은 영화 속에서 공간과 시간이 변경되는 것을 표시한다. 같은 장소에서라도 시간이 변경된다면 다른 신이 되고, 시간이 같다고 해도 장소가 다르다면 다른 신이 된다. 그래서 시나리오를 쓸 때 신 번호 옆에 꼭 시간을, 아니면 낮과 밤 정도는 표시해야 하며 그곳이 어디인지를 써야 읽는 사람이 혼동을 일으키지 않는다. 하나의 사건이나 상황을 말하거나 보여주기 위해 씌어진 신이 여러 개 이어져 모인 것을 시퀀스sequence라 부른다. 영화는 보통 여러 개의 시퀀스가 모여 커다란 이야기가 이루어지는데 시퀀스들을 잘 살펴보면 영화의 구성이나 이야기의 진행 방향들을 알 수 있다.

## 상황 설명, 지문 그리고 대사

시나리오는 그 나름대로도 문학 작품이 될 수 있겠지만 무엇보다 영화를 만들기 위해서 쓰는 것임을 잊지 말자! 그렇기 때문에 시나리오는 시각적으로 보여질 화면을 스태프들과 그 시나리오를 읽게 되는 많은 사람들에게, 내용과 원하는 장면과 상황을 말로 정확하게 설명하는 것이 가장 중요하다. 상황을 설명하거나 사건이 진행되는데 현학적이고 어려운 단어들은 그것들이 대사에 들어가야 하는 것처럼 꼭 필요하지 않다면 쓰지 마라. 다른 사람들이 이해할 수 없다. 지문은 배우의 연기에 대한 간단한 설명이다. 움직이거나 감정을 드러내는 말, 한숨을 쉰다든지, 눈을 크게 뜬다든지. 영화를 보다 보면 너무나도 친절해서 지금 벌어진 상황이나 감정 상태, 그리고 앞으로 벌어질 일들을 배우가 대사로 이야기해주는 통에 기절하는 때가 많은데 대사로 상황을 설명한다든지, 자기 감정을 표현하는 것은 영화가 지루해지는 지름길이며 관객들을 무시하는 행위이다. 이미 그런 영화들은 너무나도 많기 때문에 당신까지 그렇게 만들 필요는 없다. 대사는 감독이 관객에게 던지는 가장 직접적인 메시지이며 영화의 스타일을 정할 수도 있고 방향을 나타낼 수도 있다. 한마디의 대사 속에 영화 속 그 사람의 인생관이라든지, 개인사라든지, 사회적 배경을 나타낼 수 있고 영화의 키포인트를 줄 수도 있다. 생동감 넘치고 멋진 대사를 쓰기 위해서는 영화의 배경이 되는 곳이나 시대적 배경, 상황에 대한 철저하고 꼼꼼한 조사는 필수적이고 등장 인물에 대한 각각의 개인사를 창조해야 하며 그것이 영화 속의 역사와도 맞물려야 한다. 등장 인물의 성격은 물론, 필요하다면 영화에는 한 장면도 나오지 않더라도 한마디의 대사를 위해서 그 사람의 모든 것을 만들어내야 하는데 이것들이 서로서로 유기적으로 연결되어 있어야 하는 것은 두말할 필요도 없다.

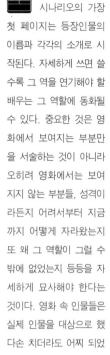 시나리오의 가장 첫 페이지는 등장인물의 이름과 각각의 소개로 시작된다. 자세하게 쓰면 쓸수록 그 역을 연기해야 할 배우는 그 역할에 동화될 수 있다. 중요한 것은 영화에서 보여지는 부분만을 서술하는 것이 아니라 오히려 영화에서는 보여지지 않는 부분들, 성격이라든지 어려서부터 지금까지 어떻게 자라왔는지 또 왜 그 역할이 그럴 수밖에 없었는지 등등을 자세하게 묘사해야 한다는 것이다. 영화 속 인물들은 실제 인물을 대상으로 했다손 치더라도 어찌 되었든 창조된 인물이다. 신이 된 듯한 마음으로 아담과 이브의 마음을 만들듯 자신의 영화 속 인물들을 창조해내자.

## 각색

만약 만들고 싶은 이야기가 원작이 있는 것이라면 영화로 만들기 위해 시나리오의 형태로 바꾸는 작업을 해야 하는데 이를 각색이라고 한다. 또 영화를 만들기 위해 시나리오를 쓰지만 전체적인 이야기와 완성도를 고려해서 쓰다 보면 완성된 후엔 너무 문학적인 시나리오가 되어 영화로 만들기에는 곤란해지기도 한다. 이때 오리지널 시나리오를 영화로 만들기 위해 이런저런 모든 것을 빼고 철저하게 동작과 대사만으로 이루어진 시나리오로 다시 쓰는 것도 각색이라고 한다. 원작을 바꿀 때 중요한 것은 원작을 고스란히 옮길 필요는 없다는 것이다. 예를 들어 소설은 독자들의 상상력에 많은 부분을 기댈 수밖에 없는데 영화는 그 상상력을 실제적으로 보여주기 때문에 소설의 진행법을 따를 필요는 없고, 소설의 에피소드들을 꼭 사용할 필요도 없다. 영국의 대문호 셰익스피어의 「햄릿」은 연극뿐만 아니라 전세계에서 여러 감독들이 수없이 많이 영화로 리메이크했지만 소설과 똑같은 영화가 과연 있을까? 원작이 있는 이야기라도 결국 중요한 것은 쓰는 사람의 상상력일 뿐이다.

## 구성

영화를 보다 보면 어떤 영화는 상영 시간이 90분인데 서너 시간 본 것처럼 지루하고 어떤 영화는 세 시간 동안 봤는데 30분 정도밖에 안 지난 것 같은 느낌이 들기도 한다. 볼거리가 무궁무진한 초대형 블록버스터blockbuster라든지 컴퓨터 그래픽의 신기원을 이룩한 SF 전쟁 영화라도 한 30분 보다 보면 지겨워지고 지루해지는 영화는 넘쳐흐른다. 과연 뭐가 문제일까? 결론은 '구성이 허술해서'이다. 영화 「아마게돈」과 「딥 임펙트」처럼 똑같은 이야기를 똑같은 주제로 담아내도 어떤 영화는 재미있고 어떤 영화는 재미없는 건 바로 미묘한 구성의 차이에서 오는 것이다. 기-승-전-결로 흔히 말하는 이야기의 뼈대는 다르지 않지만 그 뼈대에 어떻게 살을 붙여야 하는지는 철저하게 고민해야 한다. 이 신 뒤에 왜 저 신이 나와야 하는지, 하나의 신의 앞과 뒤, 그리고 그 신이 왜 그렇게 되는지, 왜 그렇게만 되어야 하는지 같은 복잡하고 다발적인 질문을 스스로에게 던져서 납득해야 한다. 잘못된 지도를 가지고는 보물섬을 찾을 수 없듯이 시나리오가 빈약한데 영화가 좋을 수가 있을까? 만들 수 있기나 하면 다행이다. 10분이 넘지 않는 단편 영화를 만들 때에도 구성력은 필요하고 오히려 시간이 짧으면 짧을수록 더욱더 강조된다.

　과연 시나리오는 무엇일까? 앞에서도 말했지만 시나리오는 보게 될 영화를 글로 쓴 것이다. 그럼, 왜 시나리오를 쓸까? 영화는 혼자 만들지 않는다. 영화 한 편의 엔딩 크레디트를 보면 그 영화를 만들기 위해 참여했던 스태프의 수는 장난이 아니게 많다. 만약 당신이 감독이라면 그 많은 사람들에게 당신의 영화를 어떻게 설명하겠는가? 시나리오는 그 영화를 만들기 위해 일하는 모든 사람들에게 제공되는 영화의 설계도이자 영화에 대한 당신의 생각을 공유하게 하는 지도와도 같다.

 시나리오 쓰기
시놉시스에서 생각했던 이야기를 위에 말한 것과

함께 몇 분짜리 영화로 만들 것인지를 고려해서 시나리오를 쓰자.

**1.** 시나리오를 쓸 때 가장 먼저 정해야 할 것은 이야기를 풀어 나갈 시점을 정하는 것이다. 1인칭 시점이랄지 전지적 작가 시점 같은 교과서에서 배운 시점들은 물론이고 나만의 개성에 따라 새롭게 창조해낼 수도 있겠지만, 한 편의 영화 속에 여러 개의 관점이 섞여 있으면 이야기가 산만해질 수 있다는 것을 명심해야 한다. 또한 첫 신은 그 영화의 모든 것을 결정할 만큼 중요한데 영화의 시작에서 관객들을 영화 속에 몰입시키지 못한다면 영화를 보는 내내 영화의 리듬과 따로 놀게 된다. 그림을 그릴 때 스케치를 먼저 하고 색칠을 하듯, 시놉시스라는 스케치를 가지고 조금씩 세부적으로 들어가며 세밀하게 내용을 덧붙여 나가면 리듬을 잃지 않고 끝까지 쓸 수 있다.

**2.** 우리가 학교를 다니면서 문학의 한 장르로 지겹게 공부했던 시나리오는 영화를 만들기 위해서라면 몽땅 잊도록 하자. 학교에서 배운 시나리오는 국어 공부를 위해서 필요할 뿐, 영화 만들기에서는 그다지 쓸모없는 지식들이다. 물론 기본적인 작법이나 글의 문법 정도는 알아야겠지만 그거야 시나리오를 쓰는 사람의 국어 실력의 문제이지 영화를 만들기 위해 필요한 상상력에 영향을 미치는 것은 아니다.

**3.** 기타노 다케시나 왕가위 같은 감독은 시나리오 없이 영화를 만든다고 여기저기 인터뷰를 하고 다니지만 당신, 정신 차려라. 당신은 기타노나 왕가위가 아니다. 머릿속에 생각하고 있는 것은 뭐든지, 지겨우리만큼 친절하게 시나리오로 옮겨 써라. 좋은 시나리오에서 좋은 영화가 나온다는 것만큼 명백한 사실은 없다.


## 3. 스토리보드


완성된 시나리오를 가지고 제일 먼저 해야 할 일은 바로 스토리보드를 그리는 일이다. 스토리보드는 글로 씌어진 시나리오를 자신이 생각했던 영상으로 구성하는 것으로, 스토리보드를 보면 영화가 어떤 방향으로 어떻게 찍힐 것인지 상상이 아닌 직접적인 그림으로 볼 수 있게 된다. 스토리보드는 상상 속에서 보통 그려지는데 감독이 생각했던 장면들을 다양하게 구성해보고 그것이 영상으로 꾸며졌을 때 무리

# "葬" Storyboard

**S# 1-4**
**C# 1**

앞 컷과 dissolve

카메라는 가로로
움직이면서 뒤로
C.U
moving

가로로 쌓아둔 읽었던, 읽
고 있는, 그리고 읽으려고
하는 많은 책들, 사이사이
에 보이는 벽엔 스캔을 받
은 필름 스크립트가 대충대
충 붙여져 있고, 인화지로
뽑은 몇 장의 사진들, 컴퓨
터, 모니터, 키보드, 마우
스, 스캐너, 프린트가 있고
잡동사니가 가득한 책상에
앉는 지혁.

S.O) 지혁이 걸어오는
소리.

moving

카메라는 앉을 때까진
뒤로, 앉은 후부터는
모니터로 다가간다.

moving

frame in

S.O) 음악 시작.
모니터 속의 사진은
컬러, 주변은 흑백.

moving

모니터의 winamp를 켜고
'지혁'이라는 이름의 리스
트를 플레이한다. 흘러나오
는 음악만큼 익숙한 마우스
의 움직임. 이내 모니터엔
한 장의 사진이 뜬다.

moving

모니터 속의 사진,
해 지는 저녁의 회색과 붉
은색으로 가득하고,
빽빽하게 들어찬 집들과
지붕 위로 태양빛은 길게
늘어져 있다.

화면에 가득 찰 때까지
카메라 이동. 가득 차면
C.G로 cut.

C.G

# "葬" Storyboard

**S# 1-5**
**C# 1**

앞 컷과 같은 cut size의 dissolve

S.O) 샤워하는 물소리
인쇄하는 소리와 같이
빈 공간에 공존한다.

욕실에서 나와 프린터 앞에
올 때까지 fix. 사진을 들고
벽으로 다가설 때부터

인쇄를 멈춘 프린터엔 다른
사진에 비해 큰 사이즈의 사
진이 나와 있다.
물소리가 그치고 목욕을 마
친 지혁이 잠옷으로 갈아입
고 프린터로 다가온다.

moving

S.O) 음악 소리

moving

프린트가 된 사진을 들어서
보며 사진들이 붙어 있는 벽
쪽으로 다가가선 방금 프린
트한 사진을 압정으로 붙인
다. 마치 완성된 하나의 퍼
즐처럼, 한 장의 이미지로
보이는 사진들. 지혁은 한두
걸음 뒤로 물러나 사진을 바
라보다가 옆에 붙어 있는 거
울로 다가선다.

moving

moving

자신의 모습이 비치는 거울,
물끄러미 바라보는 그 속에
는 샤워를 끝낸 깔끔한 자신
을 바라보는, 익숙한 그가
서 있다. 멍한 시선, 매직으
로 거울 속의 자신의 눈 밑
에 눈물 한 방울을 그린다.
거울 속 지혁의 눈에 맺힌
눈물과 스쳐 지나가는 미소.

C.U size까지

frame out

double action으로 cut

없이 연결되는지를 확인할 수 있다. 화면의 사이즈와 앵글, 무빙은 물론, 페이드인, 페이드아웃 같은 효과와 사운드 오버Sound-over, 내레이션도 표시하여 간략하게 정리된 한 편의 영화와 같아야 한다. 콘티뉴이티를 만들 때 스토리보드는 시나리오를 쓸 때의 시놉시스의 역할을 수행한다.

### 스토리보드 그리기

시나리오를 바탕으로 스토리보드를 그리자. 스토리보드는 콘티와는 달리 이야기의 흐름을 나타내는 것이 주 목적인데 우리가 일반적으로 보는 만화와 비슷하다. 이후에 나올 콘티뉴이티와 성격이 비슷하기 때문에 스토리보드와 콘티를 합쳐서 그리지만 엄밀히 따지자면 스토리보드는 상상으로, 콘티는 헌팅을 바탕으로 해서 사실적으로 만드는 것이기에 따로따로 만들어보는 것도 나쁘지 않다.

너무 섬세하게 그릴 필요는 없지만 배우의 시선이라든지, 서 있는 방향, 어디로 어떻게 이동하고 화면 사이즈가 어떤 것인지 정도는 표시해야 한다. 화면 안에 인물을 자세하게 그릴 수 있다면 좋겠지만 그림 실력이 없거나 귀찮다면 코의 위치나 인물의 앞, 뒤, 그리고 인물이 없다면 대충 어떤 배경이라는 것 정도는 그려야 하고 자신 없다면 시나리오와 별개로 옆에 써놓기라도 해라.

## 4. 헌팅

스토리보드까지 완성되면 본격적으로 프리프로덕션을 시작하게 되는데 바로 헌팅hunting을 다니는 것으로부터 출발한다. 시나리오의 분위기와 모습이 흡사한 장소들을 찾아내는 것은 좋은 시나리오를 쓰는 것만큼 쉽지 않다. 영화를 보러 간다는 말 속에 나타나듯이 어떤 영화든지 처음에 눈에 들어오는 것은 화면이며 그 속에 있는 모든 것은 단순히 헌팅을 갈 때는 가급적이면 스태프들과 함께 가는 것이 좋다. 특히 촬영과 조명 스태프는 꼭 같이 움직여야 한다. 촬영은 감독이 하는 것이 아니라 스태프들이 하는 것이다. 스태프들이 현장을 직접 살펴보면 감독이 생각했던 화면보다 더 멋진 화면이 나올 수도 있다. 또한 비디오카메라나 사진기로 현장을 찍어두는 것은 필수 조건이다. 스토리보드에서 생각했던 화면 사이즈로도 찍어두고 헌팅된 곳에서 더 멋진 장면을 만들어보기도 하며 전체적인 풍경도 찍어두어 후에 콘티뉴이티를 그릴 때 사용하면 더욱더 사실적이고 영화에 가까운 콘티뉴이티를 만들 수 있다.

배경이 아닌 여러 가지 다양한 의미를 가진다. 시나리오 상에서 분위기를 설명하기 위해 한 페이지, 두 페이지씩 글로 써야 했던 것을 멋진 배경이 있는 한 장면으로 표현할 수도 있다. 알맞은 장소를 도저히 찾을 수 없다면 세트를 지을 수도 있다. 헌팅을 다니는 목적은 내가 찾은 장소에서 영화를 찍을 수 있는지 조사하고 과연 그 장면이 멋있게 나올 수 있는지를 알아보는 것이다. 또한 알맞은 장소를 찾았다면 그 장소에 대한 모든 정보를 조사해야 한다. 해가 뜨고 지는 방향 같은 것부터, 촬영을 할 수 있는 곳인지, 없다면 어떻게 해야 하는지 대책을 세우고 그 장소까지 어떻게 이동하고, 식사는 어디에서 하고 잠은 어디서 자야 하며 또 그 비용은 얼마나 드는지까지 조사하여 촬영 계획을 세울 때 자료로 사용할 수 있어야 한다.

## 헌팅하기

시나리오에 나온 내용에 적합한 촬영 장소를 찾으러 다니자. 잊지 말자! 헌팅은 단순히 촬영에 적합한 곳을 찾는 것뿐만 아니라 화면 구성을 풍족하게 해주고 화면을 색다르게 만들어주기도 하는 곳을 찾기 위해서 다니는 것이다. 시나리오를 쓰면서 생각했던 장소보다 멋진 장소를 찾았다면 두말할 것 없이 바꿀 수 있어야 한다. 맘에 드는 촬영 장소가 가져야 할 꼭 필요한 조건은 시나리오에 적합한 장소 이외에도 공식적으로 촬영이 가능해야 하고 이동이나 전기 시설 같은 촬영 조건이 나쁘지 않아야 한다는 것이다.

## 5. 캐스팅, 리허설

아무리 이야기가 훌륭해도 그 이야기를 제대로 연기해내지 못한다면 그 영화는 보나마나 뻔하게 된다. 배우들의 중요성은 아무리 강조해도 부족하지 않다. 하지만 감독이 잊지 않아야 할 가장 중요한 것은 연기를 하는 사람이 꼭 직업배우여야 하는 것이 아니라 내가 생각하고 있는 이미지, 내가 생각하고 있는 모습과 얼마만큼 비슷하게 되었는지 확인하는 것이다. 연기는 연습을 통해서, 또 배우가 얼마만큼 그 배역에 몰입하느냐에 따라 달라지고 감독의 능력에 따라 심지어 배우의 연기가 늘기도 한다. 시나리오를 쓸 때 그 배역의 캐릭터를 가급적이면 상세하고 뚜렷하게 써야 하는데 배우의 캐릭터가 선명하게 밝혀지면 그 역할을 하게 될 배우가 이해할 수 있는 폭이 넓어지고 성격에 대한 이야기를 풀어 나가는 데 훨씬 수월하다. 촬영에 들어가기 전 최소한 한 달 전에는 캐스팅casting을 마쳐야 하는데 이는 충분한 리허설 시간을 갖기 위해서이다. 출연하는 모든 배우가 모여서 시나리오를 여러 번 읽으면서 대사를 좀더 부드럽고 배우의 스타일에 맞게 바꾸기도 하며 감독이 어떤 방향으로 연출할 것인지를 정할 수도 있다. 감정 연기나 간단한 액션, 동작을 서로 맞추는 수준의 리허설은 촬영장에서 시간을 낭비하지 않는 지름길이다. 리허설을 할 때 감독은 배우들에게 원하는 것이 무엇인지 정확하게 말해야 하고 그러기 위해서 표현할 수 있는 모든 것을 동원해야 한다. 기존 영화에서 내가 배우를 구할 때 꼭 주변에 있는 사람들만을 고집하지 말아라. 배우를 하고 싶어하는 사람들은 무궁무진하며 그들은 언제나 준비가 되어 있다. 오디션을 보는 것은 아주 훌륭한 캐스팅 방법이다. 인터넷을 이용해서 공고를 한다면 구름처럼 몰려든다. 감독 및 스태프들이 잘 잊어버리는 것이 있는데 오디션은 시험이 아니라 원하는 배역과 맞는 사람을 찾는 것이다. 시험 보고 점수 주듯 배우들을 테스트하지 말고 그들의 장점을 발견해내려고 노력해서 원하는 이미지의 배우를 찾아내야만 좋은 영화를 만드는 데 한 걸음 다가갈 수 있다.

원하는 캐릭터와 비슷한 캐릭터가 있다면 그 영화를 배우에게 보여주는 것도 괜찮고 이미지나 표정은 말로 설명하기보다는 비슷한 사진이나 광고, 그림을 이용하는 것이 더 효과적이다. 배우가 얼마만큼 감독이 생각했던 캐릭터에 접근했는가는 완성된 영화를 보면 대번에 알 수 있다. 영화와 어울리지 못하고 물과 기름 같은 배우의 움직임을 보고 있으면 왠지 비참해져 있는 감독 자신을 발견하게 될 것이다.

### 캐스팅과 리허설하기

캐스팅의 성공 여부는 감독이 시나리오에 나와 있는 인물들의 성격을 얼마만큼 파악하고 있느냐에 달려 있다. 시나리오에 근거해서 인물들의 성격을 파악한 후 그에 맞는 캐스팅을 하자. 캐스팅이 끝나면 모두 모여 시나리오를 가지고 리허설을 해보자.

## 6. 스태프와 제작 사양 결정

영화는 혼자 만들 수 있는 것이 아니다. 여러 사람의 힘을 합치고 모아야 만들 수 있다. 영화가 끝나고 올라가는 엔딩 크레디트를 끝까지 다 본 적이 있다면 그 크레디트에 나온 샤람들이 얼마만큼 많은지 알 수 있다. 그 많은 사람들이 자기 몫을 해냈을 때 만들어지는 것이 바로 영화다. 하지만 꼭 스태프가 많다고 해서 좋은 것은 아니다. 사람이 많으면 진행비도 많이 들 수밖에 없으니까. 단편 영화를 만드는 경우에는 감독 혼자서 시나리오도 쓰고 연출도 하며 촬영하고 편집하고…… 모든 것을 하기도 하지만 가급적이면 최소한의 스태프는 구성하는 것이 좋다. 감독이 촬영을 겸하는 것은 결코 좋은 방법이 아니다. 영화에서 가장 무게를 많이 받는 스태프는 감독과 촬영일 수밖에 없는데 감독이 그 영화를 생각해낸 사람이라면 촬영은 그 생각을 현실로 만들어내는 사람이기 때문이다. 생각과 현실 사이에서 서로의 의견을 조율할 때 영화가 한쪽 방향으로 치우치지 않게 된다. 콘티뉴이티를 만들기 전에 스태프들을 정하고 콘티뉴이티를 만들 때 서로 협의하면서 만들면 현장에서 시간을 줄일 수 있다. 우리가 만들게 될 디지털 영화는 컴퓨터를 이용해서 쉽게 포스트프로덕션(후반 작업)을 거의 다 할 수 있기 때문에 편집에 대한 이해와 감각만 있다면 직접 하는 것도 나쁘지는 않다. 스태프를 정하면서 지금 만드는 영화의 제작사양을 최종적으로 결정해야 한다. 필름으로 만들 것인지, 디지털로 만들 것인지, 카메라는 어떤 것을 쓸 것인지, 동시녹음으로 할 것인지, 편집은 어떻게 하고 사운드 후반 작업에 대해서는 어떻게 할 것인지 등등 영화의 사양을 결정하는 것에는 많은 것이 고려되어야 하는데 가장 중요하게 고려되어야 할 것은 영화적인 특성과 함께 제작비이다. 영화적인 특성에 따라 왜 필름으로 해야 하는지, 왜 디지털로 해야 하는지를 명확히 밝힐 필요가 있는데 돈이 많이 들고 폼이 많이 난다고 해서 무조건적으로 35m/m 필름으로 찍고 동시 녹음을 해야 하는 것이 아니기 때문이다. 필름과 디지털, 그리고 16m/m와 35m/m, 카메라는 어떤 종류, 조명은 어떻게 하고 녹음은 또 어떻게 할 것인지 정할 때는 그 나름대로의 이유가 존재해야 한다. 하고 싶다고 해서 준비도 안 된 상태에서 무리하게 하는 것보다 스스로 잘할 수 있는 것을 하는 것도 용기 있는 일이다. 자신이 가지고 있는 제작비를 초과해서 무리하게 작업을 진행시키면 만드는 동안 내내 짜증이 날 수밖에 없고 내용도 부실해진다.

### 스태프 구성

각각의 역할들에 따라 스태프를 정하고 제작 사양을 결정하자.

**1.** 단편 영화라고 해서 무조건 스태프의 수가 적어야 하는 것은 아니지만 스태프의 수가 많아지면 경비가 많이 들게 됨을 기억해라. 촬영을 위한 스태프를 크게 분류하면 감독을 포함한 연출 파트, 촬영과 조명을 포함한 촬영 파트, 현장에서 모든 소리를 녹음하는 동시 녹음 파트, 그리고 제작 파트로 나눌 수 있다. 연출 파트는 촬영 스크립트부터 소품을 챙기는 일까지 모든 일을 해내는 사람들로 보통 감독, 조감독, 스크립터로 구성하면 된다. 촬영 파트는 카메라를 잡는 촬영, 촬영을 돕는 촬영 1, 그리고 조명을 맡아줄 개퍼gaffer들로 구성하고 동시 녹음 파트는 붐-마이크를 들 사람과 녹음을 하는 사람으로 구성한다. 보통 제작 파트는 연출 파트가 겸하는 경우가 많은데 가급적이면 한 사람이라도 제작 파트의 역할—프로듀서의 역할만을 할 수 있게 하여 촬영을 원활하게 하는 것이 좋다. 제작 파트는 쉽게 말하면 영화를 만들기 위해 판을 짜고 예산을 운용하고 계획대로 진행을 시키는 사람이다. 연출 파트에서 같이 하게 되면 영화 찍느라 정신없고, 식당 잡으러 다니느라 왔다 갔다 하다가 결국 나중에 문제가 꼭 생기고 만다.

**2.** 친구들끼리 모여서 작업을 하려는 경우나 경험이 없는 사람들이 모여서 하는 경우라도 꼭 역할을 나눠서 이름을 걸고 하는 것이 좋다. 역할을 나눈다는 것은 자신이 맡은 일을 책임지고 한다는 것을 의미한다. 스태프를 구성할 때 가장 필요한 것은 이런 분업 체계와 각각의 스태프들 사이의 조화로운 협동심이다. 특히 처음 하는 사람들은 모두 다 감독을 하고 싶어하기 때문에 하기 싫은 일을 억지로 하는 사람도 생기게 되고 자신이 그다지 하고 싶지 않은 일을 하게 되는 경우도 생긴다. 이런 경우가 발생했을 때는 반드시 서로의 어색함을 풀고 작업을 시작해야 한다.

**3.** 이 책에서는 디지털로 영화를 찍는 것을 이야기하기 때문에 제작 사양은 디지털로 정해야 하는데 매체의 특성과 제작 사양은 제3장에서 자세하게 설명하겠다.

# 7. 콘티뉴이티

콘티뉴이티 continuity는 지금까지 진행된 프리프로덕션의 결과들을 가지고 해야 하는 작업으로 우리가 만들려고 하는 영화를 꼼꼼하고 자세하게 한컷 한컷 글과 그림으로 표현하는 작업이다. 이는 종이 위에 그림으로 영화를 만드는 것과 같은데 그렇기 때문에 콘티뉴이티에는 영화를 만들기 위해 필요한 모든 정보들이 담기게 된다. 그래서 현장에서는 시나리오를 보기보다는 콘티뉴이티를 보면서 작업을 하는 경우가 많고 콘티뉴이티가 세밀하면 세밀할수록 작업은 순조롭게 진행된다. 콘티뉴이티를 꼭 이렇게 만들어야 한다는 규칙은 없다. 많은 감독들은 자신이 편하고, 필요한 것들과 자신에게 중요하다고 생각되는 것들을 많이 쓰기 위해 자기 맘대로 만들어서 사용한다. 사실 몇 가지 꼭 필요한 것만 쓴다면 형식이야 어떻게 하든 상관없다. 콘티뉴이티를 만들 때 고려해야 하는 것은 한 신에서 컷을 어떻게 나눌 것인지, 화면은 어떤 식으로 구성할 것인지, 대사나 음악, 효과 등을 어떻게 배치할 것인지 등등이며 영화의 내용상, 감정상 흐름에 따라 무리 없이 부드럽게 보여지는지도 검증해야 한다. 콘티뉴이티는 편집까지 고려해서 작업해야 한다. 모든 컷의 사이즈와 이동, 그리고 순서가 결정되고 편집 과정에선 콘티뉴이티에 작성된 대로 편집이 되기 때문이다. 하지만 촬영할 때 실제로 영화에 필요한 부분만 딱 맞춰서 작업해선 안 된다. 앞 컷과 다음 컷이 연결되는 부분이라

 촬영 현장에서 바꾸는 컷이 있더라도 일단 모든 장면을 콘티뉴이티로 그려두도록! 내용이 없고 한 장의 그림뿐인 인서트 insert도 물론이다. 콘티뉴이티를 만들 때 가장 좋은 교과서는 스토리보드와 마찬가지로 역시 만화이다. 기본적으로 한 장의 그림이 영화의 한 컷이 된다. 만화는 단절된 그림들로 이루어져 있지만 보는 우리의 머리 속엔 연속된 그림으로 기억되기 때문이다. 또한 만화는 화면의 사이즈나 앵글에 대해서 놀라우리만큼 섬세하다. 지금까지 만화의 내용만 보았다면 콘티뉴이티를 그리기 위해서라도 내용에 따라 어떻게 화면을 구성하고, 사이즈를 결정했으며 앵글을 잡았는지 유심히 살펴봐라. 자기가 좋아하는 만화 스타일대로 자신의 영화가 만들어진다면 믿을 수 있겠는가?

면 콘티뉴이티 상에는 처음부터 끝까지 카메라 포지션을 바꾼 채 두 번 촬영해야 하는 걸로 표시해야 하는데 그것이 편집에서 컷 전환점을 잡을 때 유리하기 때문이다. 시나리오에서는 신이 분할되어 있지만 콘티에선 컷의 개념으로 나눠줘야 한다. 신이 하나의 상황이나 사건을 표현한다면 컷은 그 신을 구성하는 구성 요소이다. 컷이 짧을수록 화면은 역동적이고 컷이 길수록 화면은 정적이 된다.

### 콘티뉴이티 만들기

다음 콘티뉴이티 양식을 표본으로 자신만의 콘티뉴이티를 만들어보자. 콘티뉴이티는 현장에서 스크립트 페이퍼로도 사용되기 때문에 스크립트를 위한 공간도 마련해야 한다.

## ☆ 콘티뉴이티 양식

S#  C#                                                    date    .    .

| S/L/OS, d/n | 지문 | 대사 | 사운드 | Take No. | |
|---|---|---|---|---|---|
| | | | | time | o.k |
| 의상/소품 | | | | | 1 |
| | | | | | 2 |
| | | | | | 3 |
| | | | | | 4 |
| | | | | | 5 |
| | | | | | 6 |
| | | | | | 7 |
| shot, angle | | | | | 8 |
| | | | | | 9 |
| | | | | | 10 |
| camera position | | start | | end | |

**알고 있으면 편한 콘티에 많이 사용되는 용어들**

| Angle | B.E.V(bird' s eye view shot): 피사체의 머리 꼭대기에서 찍는 것. |
|---|---|
| | H.A(high angle shot): 피사체를 내려다보며 찍는 것. |
| | L.A(low angle shot): 피사체를 올려다보며 찍는 것. |
| | E.L(eye level shot): 눈 높이 촬영. |
| | O.A(oblique angle shot): 피사체를 기울어지게 찍는 것 |
| Shot | E.L.S(extreme long shot): 원거리 촬영. |
| | L.S(long shot): 원거리 촬영(위의 것보다 적게). |
| | B.S(bust shot): 가슴 위까지 촬영. |
| | W.S(waist shot): 허리 위까지 촬영. |
| | H.S(hip shot): 엉덩이 위까지 촬영. |
| | K.S(knee shot): 무릎 위까지 촬영. |
| | F.S(full shot): 발끝부터 머리끝까지 촬영. |
| | C.U(close up shot): 턱에서 머리 일부분. |
| | E.C.U(extreme close up shot): 눈, 귀 등 최대한 가까이 촬영. |
| | 1-S(one shot): 한 사람을 한 프레임에 촬영. |
| | 2-S(two shot): 두 사람을 한 프레임에 촬영. |
| | 3-S(three shot): 세 사람을 한 프레임에 촬영. |
| | O.S.S(over the shoulder shot): 배우의 어깨 너머로 촬영. |
| | FRZ.S(freeze shot): 영상을 정지시켜 보여주는 것. |
| Moving | BK FOLLW(back follow): 카메라가 연기자의 뒤에서 따라가며 찍는 것. |
| | FNT FOLLW(front follow): 카메라가 연기자의 앞에서 앞서가며 찍는 것. |
| | B.U(boom up): 아래에서 위로 카메라가 떠오르며 찍는 것. |
| | B.D(boom down): 위에서 아래로 카메라가 가라앉으며 찍는 것. |
| | D.I(dolly in): 카메라가 피사체에 다가가면서 찍는 것. |
| | D.O(dolly out, dolly back): 카메라가 피사체와 멀어지면서 찍는 것. |

| | |
|---|---|
| | T.U(tilt up): 아래에서 위로 틸팅. |
| | T.D(tilt down): 위에서 아래로 틸팅. |
| | Pan.R(pan right): 오른쪽으로 패닝. |
| | Pan.L(pan left): 왼쪽으로 패닝. |
| | S.Pan(swish pan): 휘두르는 패닝.=flash pan, zip pan |
| Optical effect | F.I(fade in): 화면이 밝아지며 점점 나타나는 것 |
| | F.O(fade out): 화면이 어두워지며 점점 사라지는 것. |
| | FRM IN(frame in): 연기자가 화면 안으로 들어오는 것. |
| | FRM OUT(frame out): 연기자가 프레임 밖으로 나가는 것. |
| | W.I(wipe in): 와이프되며 다음 장면이 시작되는 것. |
| | W.O(wipe out): 와이프하여 장면이 사라지는 것. |
| | FCS.I(focus in): 초점이 맞으며 장면이 시작되는 것. |
| | Z.I(zoom in): 피사체를 앞으로 당겨 확대하여 찍는 것. |
| | Z.O(zoom out): 피사체를 뒤로 밀어 축소시켜 찍는 것. |
| | H.H(hand held shot): 삼각대 없이 흔들리게 찍는 것. |
| | X(cross): 연기자가 카메라 앞을 가로질러 지나가는 표현 |
| | P.O.V(point of view shot): 연기자의 시점으로 찍는 것. |

 하루에 몇 컷을 찍어야 한다는 규칙은 없다. 하루에 맘에 드는 컷을 한 컷만 찍어도 사실은 성공한 것이다. 하지만 촬영이 늘어나면 같이 늘어나는 제작비에 가슴이 답답해지기 때문에 마음은 비록 그렇게 생각하더라도 실제로 그래서는 안 되며

## 8. 촬영 계획표──촬영 일정, 촬영 순서

한 편에 완성된 영화를 보면 여러 장소를 왔다 갔다 하면서 이야기가 진행되곤 한다. 촬영을 영화에 나온 순서대로 찍을 수는 없고 찍어서도 안 된다. 촬영 일수가 하루 늘어나면 그만큼 제작비가 더 많이 든다는 것을 염두에 두어야 한다. 보통은 같은 장소에서 벌어지는 신은 모아서 찍는다. 영

화 전체에 대한 리허설은 이래서 중요한데 전체적인 영화의 느낌을 배우들이 알고 있지 못하면 이렇게 나누어서 찍게 될 때 그 리듬을 잃기 쉽고 편집실에서 머리를 쥐어뜯어야 할 일이 생기고 만다. 촬영 계획표는 각 신의 촬영 순서와 날짜를 결정하여 작성된다. 너무 무리하게 촬영 계획을 잡거나 무조건 촬영 일수를 줄이려고만 하는 것은 좋지 않다. 하루에 단 한 컷이라도 마음에 들면 된다는 촬영 자세가 중요하다. 촬영 계획표를 기준으로 촬영 횟수와 촬영 장소, 그리고 참여할 스태프의 수가 정해지게 되면 콘티뉴이티와 함께 제작 예산을 산출할 수 있는 자료가 마련된다.

최대한 촬영 계획서대로 촬영해야 한다. 촬영 순서를 정할 때 촬영 장소 간의 거리가 짧은 순서대로 세우는 것도 굉장히 효과적인데 헌팅을 다닐 때 그런 것까지 고려한다면 촬영 계획표를 세우고 촬영을 다닐 때 덜 고생하게 된다. 만약 100% 마음에 드는 곳이 멀리 떨어져 있고 80% 마음에 드는 곳이 가까이에 있다면 어디를 선택해야 할까? 잘 알아서 판단하라.

 촬영 계획표 만들기

| 촬영 계획표(양식) | | | | | |
|---|---|---|---|---|---|
| 촬영 회차 촬영 장소 | | | | 촬영    년    월    일 촬영 시작 시간 | |
| S# | C# | 장면 | 장면 설명 | 등장 인물 | 비고 |
|  |  |  |  |  |  |
|  |  |  |  |  |  |
|  |  |  |  |  |  |
|  |  |  |  |  |  |
|  |  |  |  |  |  |
|  |  |  |  |  |  |
|  |  |  |  |  |  |
|  |  |  |  |  |  |
|  |  |  |  |  |  |
| 총 촬영 컷 수 | | | | | |

# 「歸… 돌아갈 귀」 촬영 계획표

3차 촬영
장소: 양수리 서울종합촬영소 5 Studio

2000 / 1 / 23(일)
시간:

| S# | C# | 장면 | 장면 설명 | 인물 | 비고 |
|---|---|---|---|---|---|
| 3-2 | 2 | 신당(저승)-여인 | 여인 등장 | 여인 1, 2/귀신들 | 보조 출연자 |
|  | 5 |  | 여인 1, 2 대사 | 일화/여인 1, 2 | 황색 벽 |
| 3-4 | 1 | 신당(저승)-외팔이 | 외팔이 출연, 대사 | 외팔이/귀신들 | 보조 출연자 |
|  | 3 |  | 누워 있다 일어나는 외팔이 대사 | 외팔이/귀신들 | 보조 출연자 |
|  | 6 |  | 대사하다 무언가에 맞는 외팔이 | 외팔이/귀신들 |  |
|  | 7 |  | 돌아보는 외팔이 | 외팔이 |  |
| 3-5 | 1 | 신당(저승)-묘주 | 묘주 등장 | 묘주/외팔이/귀신들 | 보조 출연자/Crane |
|  | 5 |  | 묘주에게 절하는 모두들 | 일화/여인 1, 2/묘주/외팔이/귀신들 | 보조 출연자/Crane |
| 3-6 | 6 | 신당(저승)-강제 | 묘주에게 절하는 일화와 일어나는 강제 | 일화/여인 1, 3/ 묘주/강제 | 황색 벽 |
| 3-7 | 2 | 신당(이승+저승) | 문이 열리자 보이는 신랑과 그 뒤로 외팔이와 귀신들 | 일화/여인 1, 1/ 묘주/강제/신랑/외팔이/귀신들 | 보조 출연자 |
|  | 5 |  | 어둠 속으로 사라지는 일화, 여인 1, 2, 외팔이, 강제, 묘주와 귀신 | 일화/여인 1, 1/ 묘주/강제/신랑/외팔이/귀신들 | 보조 출연자 |

총 11컷

촬영 순서: 3-2-2/3-4/3-5/3-7-2/3-2-5/3-6-6/3-5

## 9. 의상, 소품표

콘티뉴이티 속에 이미 의상과 소품에 대해서 표시를 했는데 왜 이렇게 따로 표로 만들어야 할까? 촬영 계획표대로 촬영을 하면 영화 속의 시간과 장소는 뒤죽박죽이 되어버린다. 우리가 가끔 방송국 드라마의 배우들의 의상이나 작은 액세서리가 달라져 있는 옥의 티를 발견하게 되는 것도 뒤죽박죽 촬영 계획표대로 찍었을 때 벌어지는 일들이다. 작은 것이 오히려 더 눈에 잘 띄게 마련이다. 또한 직접 말로 설명하는 것이 아니기 때문에 의상이나 소품이 틀려버리면 영화를 보는 관객들이 다른 의도가 있는 것은 아닐까 하고 오해할 수도 있다. 등장하는 인물이 입고 있는 모든 의상과 소품을 신의 시간과 장소의 연결에 따라 표시를 해두면 그런 실수가 일어나게 될 확률은 아주 낮아진다. 기왕이면 촬영할 때 현장을 배경의 소품이나 배치를 중심으로 사진으로 찍어두거나 배우들의 옷차림, 액세서리를 하고 있는 모습들을 사진으로 찍어두면 혹시 모를 재촬영 시 본래 모습과 똑같이, 완벽하게 준비할 수 있다.

 스태프를 구성할 때 의상과 소품 담당을 따로 두는 것은 영화의 완성도를 높이는 데 결정적인 역할을 한다. 아무리 훌륭하고 멋진 이야기와 화면이 펼쳐진다 하더라도 화면에 작은 실수가 있으면 사람들은 그 멋진 화면을 보기보다는 작은 실수에 집중한다. 보통은 연출부가 의상이나 소품도 같이 담당하는데 연출부는 그외에도 할 일이 많으니까 맛있는 요리를 예쁘게 꾸민다는 마음으로 기왕이면 독립적으로 의상과 소품 담당의 직책으로 스태프를 두자.

## 10. 제작 예산

제작 예산을 뽑아내는 것은 프리프로덕션 작업에서 가장 중요한 일 중에 하나이다. 아무리 우리가 우리끼리 돈을 모

촬영을 마칠 때까지의 제작 예산이 확보되지 않았다면 촬영을 미뤄서라도 예산을 확보해야 한다. 찍는 도중에 돈이 부족해서 촬영을 멈추게 되면 기자재 대여에서부터 진행 경비까지 두 배, 세 배로 더 들게 될 수도 있다. 또 자료나 다른 사람에게 들었던 가격은 꼭 확인을 해야 한다. 자료가 틀렸거나 그 사이에 가격이 변동될 수도 있는데 누구도 책임져주지 않는다. 프로듀서는 산출된 제작 예산의 5%를 예비비로 두고 그 안에서 영화를 완성할 수 있는 예산서를 만들어낸다면 감독만큼 훌륭한 일을 해낸 것이다.

아서 영화를 찍는다 하더라도 철저하게 예산을 잡지 않는다면 쓸데없는 곳에 펑펑 돈을 낭비하게 된다. 프리프로덕션 과정은 대부분 책상 위에서 이루어지고 머릿속에서 결정된다. 제작 예산은 그 생각들을 구체화하는 데 얼마만큼의 경비가 소요되는지를 정하는 것이다. 보통 프로듀서의 가장 큰 역할 중에 하나인 제작 예산을 산출해내는 것은 시나리오를 꼼꼼히 분석하고, 헌팅 다닐 때 충분히 자료를 조사하며 촬영 기자재와 소모품을 체크한 후에 촬영 계획표에 따라 식대, 차비, 지방에 내려갔다면 숙박비와 심지어 간식비까지 책정해야 한다. 특별한 양식이 있는 것은 아니지만 기존의 제작 예산서에 나와 있는 항목에 다 채워 넣을 수만 있다면 괜찮다.

 제작 예산서 만들기

---

### 필름으로 제작한 단편 영화의 제작 예산서 샘플

1. 인건비 및 기자재, 재료비.

* 연출부와 제작부의 인건비는 고려하지 않았다.
* 녹음, 조명 파트는 소유 기자재를 사용하는 조건이며
  미술 파트는 세트 제작비를 포함하여 계약한다.

연출 part: 감독, 연출부, 스크립터
촬영 part: 촬영 기사, 촬영부 2명    ▷ 기자재, 재료비 미포함    ▶    400,000원
녹음 part: 녹음 기사, 붐 오퍼레이터    ▷ 기자재, 재료비 포함    ▶    500,000원

---

조명 part: 조명 기사, 개퍼 6명 ▷ 기자재, 재료비 포함 ▶ 1,000,000원

편집 part: 편집실 ▶ 300,000원

미술 part: 세트 디자인, 목수 2명 ▷ 재료비, 제작비 포함 ▶ 1,000,000원

분장 part: 분장사, 조수 ▷ 재료비 포함 ▶ 200,000원

스틸 : 사진 기사 ▷ 재료비 포함 ▶ 100,000원

제작 part : 프로듀서, 제작부 1명

배우 인건비 : ▶ 1,000,000원

Sum 4,500,000원

---

2. 필름(디지털의 경우 촬영 테이프 값과 편집 테이프, 마스터 테이프 비용)

* 영화의 러닝 타임 running time을 12분 30초로 기준을 잡는다.
* 촬영용 필름 사용량의 산출 근거는 N.G:O.K의 비율을 3:1로 계산했으며 자막과 O.X용 필름 사용량은 따로 산출했다.
* 테스트용 필름 양은 따로 산출했다.
* 최종 프린트의 필름은 2000ft로 기준을 잡았으며 사운드 필름과 프린트용 포지티브 필름의 사용량은 이 기준에 따랐다.
* 필름의 가격은 현금가를 기준으로 했으며 단가는 (주)태창사에서 제공받았다.

ㄱ) 촬영용 필름 (Kodak 35m/m vision negative film 200T, 단가: 532원/ft)

　　　　총 film 사용량 : 6000ft ▶ 3,192,000원

ㄴ) 테스트용 필름 (Kodak 35m/m vision negative film 200T, 단가: 532원/ft)

　　　　총 film 사용량 : 300ft ▶ 159,600원

ㄷ) 자막과 OX용 필름 (Kodak 35m/m internegative film, 단가: 591원/ft)

　　　　총 film 사용량 : 300ft ▶ 177,300원

ㄷ) 프린트용 필름 (Kodak 35m/m color positive film, 단가: 82원/ft)

　　　　총 film 사용양 : 6000ft (색 보정 A, B, 마스터 프린트용) ▶ 492,000원

ㄹ) 광학 녹음용 사운드 필름 (Kodak 35m/m sound film, 단가: 129원/ft)

　　　　총 film 사용량 : 2000ft ▶ 258,000원

Sum 4,278,900원

3. 촬영용 기자재 (디지털 영화의 경우 디지털 카메라 및 촬영 장비, 조명 장비, 녹음 장비 비용)

* 기자재 사용료는 영화진흥공사 제작 기기 대여료를 기준으로 했다.
* 부가세가 포함되지 않은 가격이기에 추후에 예비비에서 부가세를 지출한다.

ㄱ) 카메라 세트 (BL-III, ARRI-III set , 단가 : 300,000원/일)

　　　　　　　　　　총 사용일 : 3일　　　　　　　　　▶　　　900,000원

ㄴ) 모니터 (단가 : 30,000원/일) 총 사용일 : 3일　　　　　▶　　　　90,000원

ㄷ) 크레인 (단가 : 200,000원/일) 총 사용일 : 2일　　　　　▶　　　400,000원

ㄹ) 달리　 (단가 : 100,000원/일) 총 사용일 : 2일　　　　　▶　　　200,000원

　　　　　　　　　　　　　　　　　　　　　　　　　Sum　1,590,000원

------------------------------------------------------------

4. 세트 스튜디오 렌털

* 서울종합촬영소 6,7세트장을 기준으로 삼았으며 단가는 서울종합촬영소의 스튜디오 및 시설 사
  용료를 기준으로 삼았다.
* 촬영 시기가 겨울임을 감안하여 난방비가 포함되었다.

ㄱ) 6,7 스튜디오 : 125평 규모(단가: 250,000원/일)

　　　　　　　　　　총 사용일 : 2일　　　　　　　　　▶　　　500,000원

ㄴ) 전기료(기본 전기료 : 2,250원)　　　　　　　　　　▶　　　　30,000원

ㄷ) 난방비(단가 : 19,000원/시간) 하루 10시간 촬영 기준　▶　　　380,000원

ㄹ) 테스트 촬영 스튜디오 :　　　　　　　　　　　　　　▶　　　150,000원

　　　　　　　　　　　　　　　　　　　　　　　　　Sum　1,060,000원

------------------------------------------------------------

5. 현상 및 녹음, 후반 작업. (디지털 작업의 경우 후반 작업을 위한 기자재 대여료)

* 믹싱, 광학 녹음의 작업은 영화진흥공사 녹음실을 기준으로 삼았다.
* 필름의 현상, 프린트, 자막과 OX의 작업은 영화진흥공사 현상실을 기준으로 삼았다.
* 편집을 위한 워크 프린트는 디지털 편집이기에 작업하지 않으며 대신 텔레시네 비용을 첨가하였

으며 단가는 신우비젼에서 제공받았다.

＊공히 각 작업의 가격 단가는 영화진흥공사에서 제공받았다.


ㄱ) 네거티브 필름 현상(단가: 120원/ft)  6000ft 현상　　　　　▶　　　720,000원

ㄴ) HCP 현상(단가: 100원/ft) 300ft 현상　　　　　　　　　▶　　　 30,000원

ㄷ) 텔레시네(단가: 50,000원/10분) 40분 텔레시네　　　　　　▶　　　200,000원

ㄹ) 믹싱

　　광학 녹음  15분

　　광학 녹음 현상  2000ft 현상　　　　　　　　　　　　▶　　2,500,000원

ㅁ) 자막, OX 제작비　　　　　　　　　　　　　　　　　▶　　　500,000원

ㅂ) 색 보정(단가:  10원/ft) 2000ft, 총 3회　　　　　　　▶　　　 60,000원

ㅅ) 프린트(단가: 100원/ft) 2000ft, 총 3회　　　　　　　▶　　　600,000원


　　　　　　　　　　　　　　　　　　　　　　　Sum  4,610,000원
- - - - - - - - - - - - - - - - - - - - - - - - - - - - - - - - - - - - - - - - - - - -

6. 진행비


＊이미 진행된 작업에 대한 진행비는 포함시키지 않는다.

＊각 촬영 시의 진행비를 기재하며 그외 세세한 부분의 진행비는 예비비에서 지출한다.

＊식비와 숙박비 등에서 예산을 절감할 수 있다.


1) 1차 촬영(경기도 여주)

　ㄱ) 이동 : 개인 차량 이용, 승용차 2대, 기름 값 제공　　　▶　　　 50,000원

　ㄴ) 식대 : 1회 식사,  10인분 (단가: 3,000원/1인)　　　 ▶　　　 30,000원

　ㄷ) 진행비 : 예비비 포함　　　　　　　　　　　　　　▶　　　100,000원


2) 2차 촬영 (테스트 촬영, 강남구 신사동)

　ㄱ) 식대 : 1회 식사, 8인분 (단가 3,000원/1인)　　　　▶　　　 24,000원

　ㄴ) 진행비 : 예비비 포함　　　　　　　　　　　　　　▶　　　100,000원


3) 3차 촬영 (세트 촬영, 서울종합촬영소)

　ㄱ) 이동 : 촬영 버스 대절(기름 값 포함)　　　　　　　▶　　　300,000원

| | | | |
|---|---|---|---:|
| ㄴ) 식대 : 27일 ← 3회 식사, 33인분 (단가 3,000원/1인) | ▶ | 297,000원 |
| 　　　　28일 ← 1회 식사, 33인분 (단가 3,000원/1인) | ▶ | 99,000원 |
| 　　　　　　　2회 식사, 43인분 (단가 3,000원/1인) | ▶ | 258,000원 |
| 　　　간식 | ▶ | 100,000원 |
| ㄷ) 숙박비 : 40,000원/1실, 6실 렌트 | ▶ | 240,000원 |
| ㄹ) 진행비 : 예비비 포함 | ▶ | 500,000원 |
| 4) 예비비 (작업 전체적인 것에 대한 예비비) | ▶ | 1,000,000원 |
| | Sum | 3,098,000원 |
| | Total | 18,136,900원 |

　　영화를 만들기 위해 사용되는 시간 중에 가장 충실하게
보내야 하는 프리프로덕션은 완성될 영화의 밑그림을 그리
는 것과 같기 때문에 아무리 강조해도 부족하지 않을 만큼
중요하다. 지겹고 지치도록 꼼꼼히, 정확히, 많이 준비하는
것이 좋은 영화를 만들기 위한 첫째 조건이다. 각 과정은 작
업의 스타일에 따라 두 개가 하나로 합쳐지거나 하나가 두
개로 나누어지기도 하는데 그것은 철저하게 자신에게 잘 맞
는다는 점이 기준이 되어야 한다. 책은 책일 뿐, 실제적으로
응용함에 있어서는 만드는 자신이 중심이 되어야 한다. 프
리프로덕션 과정은 여러 가지 과정이 동시에 진행되기 때문
에 각 과정의 성격을 파악해서 효과적으로 일을 나눠야 하

는데 예를 들자면 시나리오가 나오면 시나리오를 바탕으로 동시에 헌팅, 스태프 구성과 배우 캐스팅, 리허설, 제작 기획서 작성을 동시에 진행하게 된다. 효과적으로 프리프로덕션을 하는 방법은 감독과 프로듀서를 분리, 두 사람이 하는 체제를 구축하는 것이다. 친구들끼리 모여서 단편 영화를 만든다 할지라도 감독은 연출에 관계된 일을, 프로듀서는 기획서와 예산서, 제작 여건에 대한 부분에 관계된 일을 하는 것으로 분업해서 전담한다면 감독과 프로듀서가 사이가 나쁘지 않은 한, 좋은 영화가 만들어질 가능성이 높아진다. 스스로 보기에도 대견할 정도로 프리프로덕션이 준비되었다면 다음은 뭘 해야 할까? 뭘 물어보나. 영화를 찍으러 현장으로 가야지.

 프리프로덕션을 충실하게 하면 부수적으로 만들어지는 것이 있는데 바로 영화를 만드는 전체적인 제작 일정표이다. 사실은 전체적인 제작 일정을 잡아놓고 그에 맞춰서 프리프로덕션을 진행하는 것이 일의 순서에 맞지만, 한 편의 영화를 만드는 데 필요한 모든 공정을 알고 들어가는 시간과 예산까지 미리 맞추는 것은 선수가 아니면 쉽지 않다. 처음엔 순서대로 프리프로덕션을 하고 촬영에 들어가기 전 전체적인 일정을 잡아 나가는 방법으로 작업하다가 여러 편을 만들어본 다음엔 제대로 미리 일정표를 만들고 그 일정표 속에서 영화를 만들어보도록 하자. 샘플로 보여지는 제작 일정표는 필름으로 만드는 단편 영화의 제작 일정표이다. 우리처럼 디지털로 영화를 만들 땐 후반 작업의 여러 공정이 편집에 모두 포함된다.

# 제3장

## Action! 촬영하기

프리프로덕션을 하면서 꼼꼼하게 준비를 마쳤다면 이제 촬영을 위해 필요한 것은 과감하게 시작할 수 있는 용기다. 앗! 정말? 용기만 있으면 될까? 지금까진 종이 위에 또는 상상 속에서 영화를 만들었지만 실제로 만들어본 적은 없는데 과연 만들 수 있을까? 카메라는 어떻게 다뤄야 하는지, 녹음은 어떻게 하고? 조명은 또 어떻게 하는 걸까? 난 아무것도 모르는데 바로 촬영을 시작하자고? 뭔가 더 알아야 하는 것이 아닐까? 맞다. 영화는 담고 있는 내용도 중요하지만 그 내용을 담아내는 방식도 그에 못지않게 중요하다. 원하는 화면을 만들어내기 위해서는 적절한 조명과 다양한 화면 효과를 이해해야 하고 보다 정확하고 듣기 좋은 소리를 담아내기 위해서는 마이크를 드는 방법부터 시작해서 소리에 대해 이해하고 있어야 한다. 사실 시나리오대로 마냥 카메라를 들이대서 찍는 것은 누구나 할 수 있는 결혼식 비디오 촬영과 다를 게 없다. 당신이 만들려고 하는 것이 영화가 되려면 찍는 당신이 어떻게 찍고 어떻게 녹음하며 어떻게 빛을 비추는지 정도는 알아야 하는데 그러기 위해서는 촬영, 조명, 그리고 녹음에 대한 기본기—아주 기초일 수밖에 없겠지만 어쨌든 감독이 알아야 할 필요가 있다. 아니, 그런 일들은 스태프에게 맡기면 되지, 시키기만 하면 되는 감독까지 왜 기본기가 필요하지? 누누이 말했지만 영화는 굉장히 많은 작업들을 거쳐야만 만들어지는 까다로운 작업이다. 오케스트라의 지휘자처럼 감독은 이 모든 공정을 지켜보고 잘 이루어지는지 확인해야 할 의무가 있다. 어떻게 촬영이든 조명이든 녹음이든 가장 중요한 것은 이론적 지식이 아니라 경험이다. 영화를 찍기 위한 기본기도 책을 통해 알 수는 있지만 그것을 실제로 해보지 않으면 기본기들을 정확하게 알았다고 말하기엔 무리가 있다. 이 책에서 말하는 촬영과 녹음, 조명에 대한 기본기는 영화를 찍기 이전에 꼭!!!! 연습을 해봐야 한다. 카메라의 모든 기능을 이용해서 촬영하고 그 차이들에 대해서 지식이 아닌 경험으로 알고 있어야 하고 랜턴과 스탠드 라이트를 가지고 조명의 기본적인 세팅을 해서 빛과 그림자에 대해 이해해야 하며 노래방 마이크를 가지고라도 가깝고 먼 소리나 방향에 따라 어떻게 들리는지 녹음해봐야 한다. 그렇게 해서 얻은 경험에 영화를 찍으면서 알게 되는 전문 지식들이 첨가되면 어느덧 영화인이 되어 있는 당신을 발견할 수 있다.

촬영이 이루어지는지, 어떻게 녹음하고 조명을 치는지, 편집이나 믹싱mixing 같은 후반 작업도 물론 그렇기 때문에 최소한의 기본적인 지식과 경험이 없다면 현장에서 작업이 어떻게 진행되고 있는지 당신만 모르게 될 수도 있다. 영화의 모든 결정과 최종적인 권한을 갖는 감독이 기본기가 없다면 그 영화는 보나마나 형편없을 가능성이 90% 이상이다. 기본기는 감독이건 스태프건 영화를 만드는 모든 사람에게 필요하다. 영화를 만드는 데 소품을 하나 나르더라도 제작 진행 흐름을 파악할 수 있기 위해 알아야 할 것이 바로 기본기이다. 영화를 만듦에 있어서 필요한 기본기는 아주 많지만 가장 기초적이면서 제일 중요한 세 가지는 촬영, 녹음 그리고 조명이다.

## 1. 촬영에 대해 알아야 하는 수많은 것들 중에 몇 가지

어떤 영화든, 영화를 기억하라고 하면 가장 먼저 떠오르는 것은 화면이다. 이것은 비단 영화뿐만 아니라 뮤직 비디오나 결혼식 비디오에도 해당된다. 카메라를 잡은 사람은 또 한 사람의 영화감독이다. 카메라가 돌아가고 있을 땐 그가 감독이며 누구도 방해할 수 없다. 그렇기에 연출자와 촬영의 호흡은 중요하며 호흡이 잘 맞는 콤비일수록 감독의 의도가 잘 반영되는 화면을 찍어낸다. 디지털 카메라는 다루기가 쉽고 기동력이 좋기 때문에 종종 감독이 촬영감독을 겸하는 경우가 있는데 이건 그다지 좋은 방법은 아니다. 감독이 촬영감독을 겸하게 되면 원하는 앵글을 잡아낼 수는 있겠지만 그외 다른 세심한 부분, 배우들의 연기를 살펴본다든지, 또는 현장에서 벌어지는 예상치 못한 상황들에 대한 대처가 늦을 수밖에 없다. 앵글은 카메라에 달려 있는 화면이나 또는 모니터를 연결해서 확인하면서 촬영 감독과 상의할 수 있다. 감독은 현장을 전체적으로 바라보고 있어야 한다. 하지만 감독이라고 해서 카메라에 대해서 전혀 모르면 그것 또한 안 된다. 카메라에 대한 최소한의 기본기 — 카메라를 작동하고 사용하는 방법 정도는 알고 있어야 프리프로덕션 과정에 카메라로 할 수 있는 것들을 포함시킬 수도 있고 불가피할 경우 촬영 감독 대신 감독이 촬영을 할 수도 있다.

그렇다면 비디오 카메라, 또는 디지털 카메라를 다루기 위해 우리가 할 수 있는 가장 좋은 방법은 과연 무엇일까? 의외로 답은 간단한데 바로 카메라를 살 때 주는 설명서를 외우다시피 읽고 카메라를 조작해봄으로써 익숙하게 만드는 것이다. 앗, 카메라가 산 것이 아니라 빌린 것이라 설명서가 없다고? 인터넷을 뒤져보면 어렵게 구한 당신의 카메라에 대한 사용 설명서 정도는 쉽게 찾을 수 있으니 걱정 마라. 카메라의 모든 기능을 숙지한 후에 자신이 원하는 앵글, 사이즈, 그리고 무빙을 고려해서 연습 촬영을 해봐야 하는데 실제 눈으로 보는 것과 상상 속으로 콘티를 구성하며 그렸던 것, 그리고 실제로 화면에 담기는 것을 비교해봐야 한다.

이 차이는 꼭 확인해봐야 하는데 상상으로 그린 콘티는 카메라의 화각이나 렌즈의 심도를 고려하지 않았기 때문에 원하는 대로 찍을 수 없을 가능성도 존재하기 때문이다. 화면을 잡아내는 카메라는 생김새와 작동 방법은 다르지만 원리는 똑같기 때문에 기본기만 익히고 있다면 그 어떤 카메라로 촬영을 하게 되어도 전혀 문제가 생기지 않는다. 또한 자신이 구할 수 있는 카메라의 기종은 부품만 다를 뿐 영화를 만드는 데 그다지 큰 영향을 주지 않기 때문에 무조건 비싸고 신제품일 필요도 없다. 잠깐, 그런 것도 중요하지만 촬영을 어떻게 하는지가 궁금하다고? 저런. 레코드 버튼을 누르면 찍힌단 말이다.

**디지털 카메라 PD 100**

## 레코딩 버튼, 누르면 찍힌다. 그렇다면 어떤 카메라로 찍어야 하지?

촬영의 원리는 아주 간단하다. 누르면 찍히기 때문이다. 하지만 누르기 전에 얼마만큼 준비가 되어 있느냐에 따라 찍힌 화면은 좋고 나쁨의 굉장한 차이를 보인다. 카메라는 거짓말을 하지 않는다. 대충 찍고 안 좋으면 다시 찍으면 되지 않을까? 하는 생각은 꿈도 꾸지 않는 것이 좋다. 촬영을 하기 위해서 제일 먼저 어떤 카메라를 사용할 것인가를 결정해야 하는데 그 기준이 되는 것은 절대적으로 화질이다. 카메라의 화질을 결정하는 것은 카메라의 색을 받아들이는 CCD의 수와 각 CCD가 빛을 받아들이는 화소pixel의 양 그리고 각각의 특성을 가지고 있는 여러 종류의 테이프 중 어떤 테이프를 사용하는가에 있다. 비디오 카메라나 디지털 카메라를 살펴보면 1 CCD, 3 CCD라고 표시가 되어 있고 380,000픽셀, 520,000픽셀이라고 씌어 있는데 이것이 화질의 좋고 나쁨을 결정하는 가장 중요한 요소이다. CCD란 charge coupled device의 약자로 번역하자면 전하 축적 장치인데 빛이 이 CCD에 비춰지면 그 빛을 전기적인 신호로 변환해주는 역할을 한다. 빛을 받아들이는 픽셀의 수가 많을수록 또 빛을 노랑, 녹색, 파랑으로 나눠서 받는 3개의 CCD가 있는 것이 고화질을 보장한다. 1 CCD는 빛을 삼원색으로 나누지 않고 한 번에 받아들이기 때문에 3 CCD에 비해 상대적으로 화질이 떨어진다.

어떤 테이프를 사용할 것인가에 따라 화질뿐만 아니라 카

비디오 카메라는 1초를 30프레임으로 나누어 찍는다. 필름 카메라는 1초에 24프레임. 이 수치를 기준으로 했을 때 기준 프레임보다 프레임 수가 많으면 슬로 모션slow motion이 되고 적으면 패스트 모션 fast motion이 된다. 카메라는 시간을 기계적으로 나누는 장치이다. 비디오 카메라로 1초를 30조각으로 나누어놓았을 때, 조각 수를 더 늘리면 같은 시간 안에 조각 수가 많아지므로 보이는 것은 느리게 보이게 된다. 반대로 조각 수가 줄면 화면은 빠르게 보인다. 물리적으로 나눠진 조각들이 이어지면서 보이는 것은 우리 눈의 잔상(殘像) 효과 때문이며 1초에 18프레임 이상이면 부드럽게 화면이 움직이는 것처럼 보인다.

카메라를 구하는 것은 사지 않는 한 쉽지 않다. 비록 요즘은 집마다 보급용 비디오 카메라 한 대쯤은 다 가지고 있다고는 하지만 그 카메라들은 전문적인 화면을 만들어내기 위함이라기보다는 즐기기 위해서 만들어진 장난감에 가깝다. 영화를 찍기 위한 조건이 되는 카메라는 친구들이 가지고 있지 않기에 구하기 쉽지 않고 사려 해도 보급용보다 몇백만 원 이상 비싸지만 영화를 찍기 위해선 그래도 꼭 필요하다. 인터넷을 뒤져보면 디지털 카메라를 빌려주는 회사들도 있고 장비를 제작 지원해주는 회사들도 있으니 잘 이용하자. 어쩔 수 없이 보급용 카메라를 사용하더라도 중요한 몇 가지 기능 즉, 수동 초점 조절, 수동 화이트 밸런스 조절, 그리고 외부 마이크 입력이 되는 카메라를 선택해야 한다. 아날로그 카메라도 마찬가지로 어떤 회사 제품을 선택하느냐는 그다지 중요하지 않지만 위에 말한 세 가지 중요한 기능은 꼭 확인해야 한다.

메라의 기종까지 결정된다. 얼마 전까진 아날로그 카메라가 주종을 이루었으나 기술의 발달로 디지털 카메라가 나온 이후로 급속하게 변화되고 있다. 디지털 이전에 많이 사용되던 아날로그 비디오 테이프가 들어가는 카메라는 촬영 이후 편집 단계를 거칠 때마다 테이프를 복사하는 원리로 작업이 진행되기 때문에 화질이 떨어지는 것을 감수해야 한다. 리니어 편집을 하면서 최소한 세 번 정도의 카피를 떠야 하는 아날로그 비디오는 방송용 카메라로 찍지 않는 한 최종 완성판의 화질은 보장받을 수 없었다. 8mm, hi-8mm, betacam tape로 분류되는 아날로그 테이프들은 그 성능에 맞는 카메라를 사용해야 한다. 하지만 최근엔 이런 아날로그 비디오 카메라로 찍은 후에 촬영본을 디지털 편집기에 디지털로 전환 입력import해서 편집을 하기 때문에 사실상 화질 저하라는 문제는 해결됐다. 디지털 편집기는 아무리 많이 작업을 하더라도 화질의 저하가 거의 없다는 최강의 장점이 있기 때문에 촬영본의 화질에만 신경 쓰면 된다. 최근 주종을 이루고 있는 디지털 카메라에 들어가는 테이프의 종류 또한 다양한데 디지털이라 해도 dv, mini-dv, dv-cam, digi-beta로 나뉜다. 디지털이라는 이름에 걸맞게 디지털 편집기를 이용하면 촬영 당시의 화질을 보장하는 장점을 가진 디지털 테이프들도 마찬가지로 각각 그 성능에 맞는 카메라를 사용해야 한다.

카메라의 겉모양이나 테이프는 디지털과 아날로그가 거의 다 비슷하지만 그 내용물은 하늘과 땅 차이가 나며 좋은 화질의 장면을 얻어내기 위해서는 3 CCD에 픽셀 수가 많은, beta급 테이프가 들어가는 카메라를 써야 한다. 하지만 좋은 기종일수록 비싸고 다루기가 쉽지 않으며 카메라의 기종에 따라 테이프의 종류가 정해지기 때문에 모든 카메라에 가장 좋은 테이프를 쓸 수도 없다. 구할 수 있는 범위 안에서 가장 좋은 카메라를 구하라. 사실 우리가 작업을 하기 위해서는 카메라의 기종은 그다지 문제가 되지 않는다. 당신이 만들려고 하고 있는 영화의 화면에 대해 이해하고 있고, 가지고 있는 장비를 잘 이해하고 능숙하게 이용할 수 있다면 당신 영화의 화면은 빛이 날 것이다.

디지털 테이프

**카메라의 기본적인 조작: 필터 선택, 화이트 밸런스 맞추기 그리고 초점 맞추기**

설명서대로 따라 해보는 디지털 카메라의 조작은 너무나도 간단하여 누구나 쉽게 할 거라 생각하지만 해보면 그렇게 쉽지만은 않다. 이것은 지식만으로 되는 것이 아니라 많이 다뤄봄으로써 생기는 경험과 데이터가 뒷받침이 되어 있어야 하기 때문인데, 이를 위해 촬영을 맡은 사람은 실제 촬영과는 별도로 많은 연습 촬영을 해야 한다. 연습 촬영은 카메라의 기능을 하나하나 확인하는 것도 물론 포함되지만 가장 기본적이면서 중요한 초점 맞추기, 조명에 따라 달라지는 카메라에 내장된 필터 선택, 그리고 화이트 밸런스를 맞추는 것을 중점적으로 해야 한다. 사용 설명서를 꼼꼼하게 읽어본 사람이라면 위의 세 가지를 자동으로 해주기 때문에 디지털 카메라가 일반인들도 사용하기 편리하다고 씌어져 있는데 그걸 연습을 하다니 뭔가 이상하다고 생각할 수도 있다. 물론 그 말이 맞다. 하지만 당신은 일반인이 아니고 영화를 만들려고 하는 사람이다. 설명서에서 자랑하듯 말하는 디지털 카메라의 장점인 전자동 기능은 우리가 만들려고 하는 좋은 영화를 위해서는 치명적인 걸림돌이 되며 이는 설명서에 씌어져 있지 않은 디지털 카메라의 단점이기도 하다. 또한 수없이 많은 카메라의 설정 버튼들이 있어 그 기능들을 적절하게 쓰지 못한다면 오히려 더 좋고 안정적인 화면을 잡아내는 데 무리가 생긴다. 카메라의 종류에 따라 설정 버튼의 수와 종류도 다르기 때문에 자세한 설명은 비디오 카메라의 사용 설명서를 참고하도록 하고 여기선 실제로 촬영할 때 진행되는 순서대로 가장 중요하게 연습해야 할 필터 선택filter, 화이트 밸런스white balance 맞추기 그리고 초점을 맞추는 법을 알아두자.

조명 필터 선택

카메라의 기종에 따라 좀더 다양한 필터가 들어 있기도 하지만 모든 비디오 카메라의 내부엔 기본적으로 실내용과, 실외용 두 개의 필터가 내장되어 있다. 정확히 말하면 필터가 하는 기능을 전자적으로 해주는 프로그래밍이 되어 있다는 말이지만 카메라를 만들려고 하는 것이 아니라면 별로 알 필요 없다. 이 필터는 광원에 따른 색 온도의 차이를 보정해주기 위함인데 태양빛의 색 온도는 5,700K, 보통 조명의 색 온도는 4,300K이기 때문에 필터를 적절하게 사용해주지 못하면 화면이 전체적으로 푸르게 나온다든지 붉게 나오게 된다. 디지털 테이프는 필름과 달리 조명에 대한 관용도가 넓은데 정확하게 원하는 색 온도가 아닐지라도 스스로 인식해서 받아들이기 때문에 보통 실외에서 촬영할 때는 태양이 그려져 있는 아이콘을 선택하고 실내에서 촬영할 땐 전구 모양의 아이콘을 선택하면 우리가 눈으로 보는 것과 같은 느낌의 화면을 얻을 수 있다. 만약 당신이 특별한 느낌의 화면을 원한다면 의도적으로 반대로 사용할 수 있지만 굉장히 독특한 화면이 나온다는 것을 잊지 말 것. 연습을 해봐야 한다.

### 화이트 밸런스 맞추기

필터 선택에서 말했듯 모든 빛은 고유의 색 온도를 가지고 있다. 조명을 한, 태양빛 아래에서 찍는 것조차도, 화면에 찍히는 피사체엔 다양한 빛이 비춰지고 그것들은 가지고 있는 고유의 색이 다 다르기 때문에 눈으로 볼 때와 화면으로 볼 때가 차이가 나게 된다. 필터를 쓴다는 것은 쉽게 말하면 렌즈 앞에 색 비닐을 씌운 것이므로 전체적으로 색이 왜곡될 수밖에 없다. 화이트 밸런스란 피사체의 본연의 색을 정확하게 찍어내기 위하여 그 조명 아래에서 보이는 흰색을 카메라에 프로그래밍된 흰색의 절대값 정보와 비교해서 그 차이를 스스로 카메라가 조절하는 것인데 이 차이를 보정하는 과정을 '화이트 밸런스를 맞춘다'고 한다. 대부분의 디지털 카메라엔 화이트 밸런스를 맞추는 버튼이 있어 실내 또는 실외 촬영을 할 때, 조명이 완전히 설치된 후에 흰 종이(도화지 같은 미백지)를 카메라 화면 가득 잡은 후에 카메라에 딸린 버튼을 누르면 간단하게 맞춰진다. 이 기능이 없는 카메라는 홈 비디오용 카메라일 경우가 많은데 보통 자동으로 화이트 밸런스가 맞춰지기도 한다. TV 공개 방송이나 스포츠 중계를 하는 현장에서 보면 밝게 조명된 현장 한가운데에 한 사람이 화이트보드white board를 들고 서 있고 주변의 모든 카메라가 그 흰 화면을 기준점으로 화이트 밸런스를 맞추는 장면을 볼 수 있다.

### 초점 맞추기

정확한 화면을 잡아내기 위해 렌즈의 초점 거리를 수동으로 조절해서 맞춰야 한다. 초점 맞추기focusing를 자동으로 해놓으면 피사체가 움직일 때마다 초점이 따라다니면서 맞추기 때문에 화면이 초점이 맞았다 틀렸다 하게 되고 안정적인 화면이 될 수 없다. 초점을 맞추는 방법은 여러 가지가 있는데 보통 사용하는 사람이 파인더를 보면서 화면이 선명해지는 지점을 찾는 방법도 있고 조금 더 정확하게 맞추기 위해선 줄자를 이용하여 카메라 렌즈에서 피사체까지의 거리를 잰 후 렌즈에 씌어진 거리(피트[ft]와 미터[m]로 표시)로 맞추는 방법도 있다. 편하게 하기 위해서 카메라에 부착

되어 있는 줌 렌즈zoom-lens 특성을 이용해 초점을 쉽게 맞출 수가 있는데, 렌즈가 허용하는 최대로 줌-인zoom in하여 피사체를 크고 선명하게 만들어 초점을 맞추고 그 이후 다시 원하는 사이즈로 줌-아웃zoom out하여도 초점은 달라지지 않는다. 영 자신이 없다면 모든 카메라에 있는 것은 아니지만 카메라의 기능 중에 수동 상태에서 순간적으로 오토 포커싱auto focusing을 해주는 버튼이 있는데 그 기능을 이용해서 맞춰도 된다. 초점을 맞추는 데 가장 우선적으로 해야 하는 것은 카메라의 렌즈 상태를 자동auto에서 수동 manual으로 바꾸는 것이다. 요즈음에 나오는 카메라 중엔 수동 기능이 없는 카메라가 많은데 이런 카메라는 안정적인 화면을 얻을 수 없기 때문에 영화를 만들기 위해 처음 카메라를 선택할 때 꼭 살펴봐야 한다. 아무리 멋진 앵글로 화면을 잡아도 초점이 안 맞으면 그건 N.G임을 명심할 것.

디지털 카메라는 대부분 AF 기능이 있다. AF 기능은 auto focus의 약자로 카메라 본체가 자동으로 초점을 맞춰주는 기능이다. 자동으로 초점을 맞춰주기 때문에 상당히 편리하지만 피사체가 움직이거나 카메라가 움직일 때마다 초점을 자동으로 다시 맞추기 위해 화면이 초점이 안 맞는 상태로 일단 바뀌었다가 다시 초점을 맞추기 때문에 안정적인 화면을 얻을 수는 없다.

## 렌즈의 선택: 기본적인 줌 렌즈와 확대 비율 그리고 피사계 심도

다양한 화면을 만들어냄에 있어서 렌즈의 특성과 피사계 심도depth of field를 이해하고 있어야 똑같은 장면일지라도 화면의 다양성을 추구할 수 있다. 카메라에 있어서 렌즈는 인간의 눈과 같다. 눈이 나빠지면 안경을 쓰고 멀리 있는 것을 보기 위해 망원경을 쓰며 작은 것은 현미경을 통해서 보듯, 카메라의 렌즈도 그 목적에 따라 다양하게 존재한다. 카메라를 교환할 수 있는 필름 카메라와 달리 디지털 카메라는 카메라 본체와 일체형인 경우가 많은데 이는 디지털 카메라가 광학적인 방식으로 빛을 받아들이는 것이 아니기 때문이다. 대부분의 디지털 카메라는 표준 렌즈로부터 일정한 배율을 가지고 있는 줌 렌즈를 장착하고 있다. 줌 렌즈는 표준 상태에서 광각(W: wide)과 망원(T: tele)을 조정할 수 있는 렌즈로 조작 방법도 간단하다. 디지털 카메라 중 렌즈를 교환할 수 있는 Canon XL-1 카메라의 경우를 제외한 일체형 카메라를 위해 렌즈의 역할을 하는 다양한 렌즈 필터들도 나와 있어 어안 효과를 내거나 화면을 분할하는 효과를 내는 등 특수한 목적으로 사용되긴 하지만 선명도를 떨어뜨리는 단점이 있다. 촬영할 때 렌즈를 광각으로 놓으면 피사계 심도가 깊어지고 망원으로 놓았을 땐 피사계 심도가 얕아지는 원리를 이해한다면 카메라의 위치를 바꿨을 때, 밝은 곳과 어두운 곳에서 찍었을 때, 어떤 렌즈를 사용했느냐에 따라 여러 의미의 화면을 만들 수 있다. 한 영상 안에 들어 있는 대상들이 선명하게 초점이 맞는 공간의 범위를 피사계 심도라 한다. 렌즈와 대상의 거리가 멀수록, 렌즈의 초점 거리가 짧을수록, 렌즈의 조리개가 좁을수록 피사계 심도가 깊어지고 반대일 경우 피사계 심도가 얕아지는 원리이다. 다시 말하면 초점이 맞는 거리 범위가 넓을수록 피사계 심도가 깊다고 하고 좁을수록 피사계 심도가 얕다고 한다. 이를 이용하면 똑같은 화면에서 배경까지 초점을 맞출 것인가, 아님 인물만 초점을 맞출 것인가 같은 선택의 폭이 넓어지며 화면이 가지고 있는 독특한 느낌을 잘 살려 특색 있는 화면들을 만들 수 있다. 셔터 스피드가 일정한 디지털 카메라의 경우 광량(光量)에 따라 즉, 조리개가 얼마만큼 열리느냐에 따라 피사계 심도를 조절할 수 있는데 이 부분은 디지털 카메라 사용 설명서에 나와 있지는 않기 때문에 사진을 가르쳐주는 교재를 통해 자세하게 알아야 사용할 수 있다.

### 촬영을 할 때 절대로 잊지 말아야 하는 작은 것들

영화를 촬영하는 현장에서 위에 말한 것 같은 큰 것들은 잘 준비를 하면서 정작 촬영할 때 꼭 지켜야 하는 것들을 지키지 못해 후반 작업을 할 때 낭패를 보거나 두 배, 세 배로 힘든 경우가 굉장히 자주 있다. 정신없고 바빠서 별 것 아닌 것처럼 느껴지지만 꼭 해놔야 작업 끝까지 순탄할 수 있는 몇 가지는 다음과 같다.

### 클립보드 즉, 슬레이트를 치고 스크립트 페이퍼를 반드시 쓰자

텔레비전이나 영화에서 볼 수 있는 영화 촬영 현장의 대표적인 광경은 감독의 레디 고 사인과 함께 행해지는 슬레이트, 클립보드를 치는 것이다. 슬레이트에는 영화의 제목, 날짜, 신과 컷의 번호, 감독과 촬영 감독의 이름 등을 적어야 한다. 카메라가 돌아갔을 때 맨 앞에 이 슬레이트를 찍어두면 나중에 편집할 때 화면을 찾기가 쉬울 뿐만 아니라 외부 녹음기를 이용할 경우 화면과 소리를 맞추는 기준을 슬레이트를 치는 것으로 맞출 수 있다. 디지털 카메라의 경우

슬레이트(클립보드)

소리까지 동시에 녹음되기 때문에 굳이 슬레이트를 칠 필요는 없지만 기록 차원에서 슬레이트를 찍어두는 것이 영화 찍는 폼도 나고 좋다. 스크립트 페이퍼에 최소한 지금 찍은 컷이 오케이 컷인지, 몇 초를 찍었는지 정도만 써놔도 나중에 편집할 때 아주 많은 도움이 된다. 여러 명이 작업을 할 때 꼭 독립적으로 스크립트 페이퍼만을 작성할 스태프인 스크립터를 두는 것이 감독에겐 연출과 영화에만 집중할 수 있는 기반이기에 매우 필요하다.

# 歸…돌아갈 귀
## Script Paper

Directing – 장호준
Scriptor – 윤인영

2000. 1. 23

| R# 8 | S# 3-6 | C#4 | Date: ~~1999-12-27~~ | M – D – E – N | (S) – L – O | Page 38 |
|---|---|---|---|---|---|---|

| Scene 신당안 지승 | Lens Size 18 / 28 / 35 / 50 / 85 / ZOOM | Weather |
|---|---|---|

**Camera Size & Angle**

ELS / LS / FS / MS / BS / (CS) ESC /

ELA / HA / LA / DA /

**Action & Dialogue**

강재 울먹이며 대사. 눈물흐른다

나, 작년이야 フ주 저거...
사랑이 되어 삼월선을 넘겠어,
살아서 다시 못만날줄 알았지만
그런의 목숨, 데이러 지나...

**Camera Work**

Fix / Pan(R, L) / Tilt(U, D) / Zoom / HH /

**Camera Position**

[sketch of camera positions]

[sketch of figure] 물답힌상테니

| Music | Effects |
|---|---|

**Properties & Customes**

**Casting**

강재

**※ Directing Note**

| take | NG/OK | NOTE | TIME | |
|---|---|---|---|---|
| 1 | OK | | 38' | 67 |
| 2 | | | | |
| 3 | | | | |
| 4 | | | | |
| 5 | | | | |
| 6 | | | | |
| 7 | | | | |
| 8 | | | | |
| 9 | | | | |
| 10 | | | | |

歸...돌아갈 귀
## Script Paper

12. Roll change

2000. 1. 23

Directing – 장호준
Scriptor – 윤인영

| R# 11 | S# 3-5 | C# 5 | Date: 1999 12 27   M – D – E – N | (S) – L – O | Page 49 |
|---|---|---|---|---|---|

| Scene 신당안 / 저녁 | Lens Size  18 / 28 / (35) / 50 / 80 / ZOOM | Weather |
|---|---|---|

**Camera Size & Angle**

ELS / LS / (FS) / MS / BS / CS / ESC /

ELA / HA / LA / DA /

**Camera Work**

(Fix) / Pan(R, L) / Tilt(U, D) / Zoom / HH /

**Camera Position**

옳다
이파다
○○여인1,2

○여인1

해신들

**Action & Dialogue**

훈주이기 일부·여인 1,2가
절을 하면  마당에 있는
리신들, 티딴이도 같이 같을 한우.
여인1인근거리
＊take 4 부터는 절을 한번 하고 아기 날때때 넉러
은단이가 시작
＊take 2까지만 받2줄연자를
눌어

＊ take 3부터는 받2줄연자없이
따라 감. (훈주, 일부, 여인 1,2
티딴이)

| Music | Effects |
|---|---|

**Properties & Customes**

Roll change

**Casting**

훈주, 일부, 여인 1,2
티딴이, 받2줄라2들

**＊ Directing Note**

| take | NG/OK | NOTE | TIME | |
|---|---|---|---|---|
| 1 | NG | light 어12-1 | 3' | 50 |
| 2 | keep | | 30 | 75 |
| 3 | NG | 문 질안닫힘 티딴이건근거 | 31' | 19 |
| 4 | NG | 〃 | 24' | 3T |
| 5 | NG | light 어127 | 4' | 47 |
| 6 | NG | 문 질안닫힘 | 20' | 40 |
| 7 | NG | 〃 | 24' | 0 |
| 8 | | | | |
| 9 | | | | |
| 10 | | | | |

112 | 해보자! 영화 만들기

소리를 위해 앞뒤를 충분히 촬영하자

극영화의 경우 대사의 중간에 컷이 바뀌게 되는 경우가 생기게 된다. 사람의 발성에는 리듬이 있어 계속 이어져서 들리는 것과 중간부터 말하는 것은 큰 차이가 있다. 컷이 바뀐다고 딱 그 부분까지만 촬영한다면 낭패를 보기 쉬운데 컷이 바뀌면 소리도 달라지기 때문에 이런 경우 편집을 해서 보면 확 티가 난다. 이런 경우를 막기 위해 콘티뉴이티 상에 이어지는 화면이 편집에 의해 사이즈나 각도가 달라진다면 촬영할 때 영화의 본편에 딱 맞춰 촬영하지 말고, 그 컷을 사이즈나 각도에 따라 처음부터 끝까지 두 번 찍은 후에 편집할 때 적당한 타이밍에서 편집하고 소리는 둘 중에 하나만 쓰면 된다.


## 2. 조명에 대해 알아야 하는 수많은 것들 중에 몇 가지

대부분 착각하기 쉬운 것이 우리 눈에 보이는 것처럼 카메라에도 찍힐 것이라는 예상을 하는 것이다. 대충 카메라로 뭔가를 찍어본 경험이 있는 사람들이라면 특히 그렇다. 디지털 카메라는 자동으로 노출을 맞춰주기 때문에 누르기만 하면 자동적으로 찍힌다. 그러나 필름의 경우는 아주 많이 다르다. 필름으로 영화를 만듦에 있어서 가장 어려운 문제는 바로 조명인데, 눈으로 볼 땐 쉽지만 그걸 만들어내는 것은 하늘의 별 따기만큼 어렵다. 노출이 나온다, 안 나온다 디지털 카메라로 영상을 만들 때 선명하고 아름다운 화면을 만들기 위해 가장 결정적인 역할을 하는 것이 바로 화소 pixel의 수이지만 조명 또한 무시할 수 없을 만큼 밀접한 관계가 있다. 아무리 화소 수가 많아도 조명의 양이 부족하면 즉 노출이 부족하면 찍히긴 하되 좋은 영상이 나오지 않기 때문이다. 화소는 빛이 CCD에 닿았을 때 그 빛에 반응하는 입자와 같기 때문에 빛의 양이 많을수록 가능한 많은 화소가 빛에 반응하게 되고 그만큼 선명하고 원색에 가까운 색을 재현하게 된다. 반대로 빛이 적다면 반응하는 화소의 수가 적게 되어 화면은 거칠고 선명하지 못하며 미처 빛에 반응하지 못한 화소들이 하얀 점처럼 화면에 나타난다. 깨끗하고 선명한 화면을 원한다면 화소 수가 많은 카메라를 구해야 하는 것과 함께 충분한 조명을 준비해야 한다. 필름 카메라는 특별한 장치가 없는 대신 사용하는 필름 각각이 다른 감도를 가지고 있다. 자연광과 인공광 그리고 노출의 정도

는 말을 하는데 노출을 올리려면 그만큼 조명기가 많이 필요하고 그렇게 하기 위해서는 돈이 더 많이 들기 때문이다. 그에 비해 우리의 눈은 실로 대단해서 자동 노출에 자동 초점, 자동 색 인식까지 할 수 있으니 눈과 같은 성능을 가진 카메라가 나온다면 영화 만들기는 굉장히 쉬워질지도 모를 일이다. 비록 눈만큼 성능이 좋지는 않지만 거의 비슷하게 움직이는 것이 바로 디지털 카메라이다. 디지털 카메라가 가지고 있는 전자동 기능은 눈의 성능을 비슷하게 따라가고 있지만 영화를 만들 땐 그 기능은 장점도 되고 단점도 되니까 자신이 찍으려고 하는 영화와 잘 비교해서 좋은 방법을 선택해야 한다.

조명에 대해서 생각하기 전에 우리가 머릿속에 꼭 가지고 있어야 하는 지식은 바로 '빛이 있어야 보인다' 는 것이다. 어떻게 보면 당연한 이야기 같지만 인공적으로 빛을 비춰서 대상을 화면에 찍어내는 영화 작업에서의 저 말은 쉽고도 어려울 수밖에 없다. 저 말을 뒤집어 생각하면 빛이 없다면 보이지 않는다는 말도 된다. 빛이 비춰지지 않는 부분은 눈으론 어둡게 보이지만 화면엔 검게 찍힌다. 시·공간, 감각적인 눈과는 달리 기계적인 카메라는 빛이 없으면 그 자체를 검은색으로 인식하게 되는 것이다. 조명의 가장 기본적인 목적은 바로 여기서 드러나는데 촬영을 할 때 피사체에 어두운 부분이 있다면 그곳을 조명을 해서 밝게 만들어 화면에 찍힐 수 있게 하는 것이다. 또한 피사체를 단지 밝게 보이게 하는 것뿐만 아니라 주변과 잘 어울려 마치 조명을 안 한

듯한 느낌이 나게 조절하고 배치하는 것이 바로 조명의 기술이 된다. 의도적으로 검은색을 만드는 게 아니라면 화면 위에 있는 검은색은 눈에 거슬릴 수밖에 없는데 이를 잘 이용하면 영화에서 보여주고 싶지 않은 부분을 빛을 안 비춰서 보이지 않게 만드는 또 하나의 표현 방법이 생기게 된다.

이렇게 말은 쉽지만 조명은 기본적으로 굉장히 어려운 기술이기 때문에 만약 조명에 대해 관심이 있다면 아주 많은 공부를 해야 한다. 촬영의 단짝 친구이자 영혼의 파트너인 조명은 외국에선 촬영이 같이 한다. 빛을 얼마만큼 잘 사용하느냐, 못 사용하느냐에 따라 영화의 색이 달라진다. 조명의 세계는 무한하고 아름답다. 상업 영화에서야 제작비가 허락하는 한계 내에서 충분한 조명을 하지만 우리는 사실 그럴 수가 없다. 영화를 찍기 위해 필요한 조명 기기는 일반 조명 기기와 달리 일정한 색 온도를 낼 수 있게 특수하게 제작되며 순간적으로 엄청난 전기를 사용하기 때문에 그를 버틸 만큼 안정적이고 튼튼하다. 영화를 찍기 위해 조명 기기를 사거나 빌리는 데 엄청난 돈이 든다는 것은 두말할 나위가 없다. 다행히 디지털 카메라는 빛에 대한 관용도가 넓기 때문에 별다른 조명 장치 없이도 화면에 찍히지만 빛이 부족할수록 상대적으로 화면의 질감은 거칠게 돼 눈에 거슬리는 것만은 사실이다. 이를 극복하는 방법은? 찾아보면 다 있다니까.

에 따라 구분되는 필름은 현재 설치되어 있는 조명의 양과 원하는 느낌을 만들기 위해 필요한 감도의 필름을 선택하여 촬영한다.

 **노출**: 필름 면에 사물이 선명하고 정확하게 찍히게 하기 위해 필요한 광량을 수치로 환산하여 나타낸 것.

## 자연 조명: 태양빛을 자유자재로

현실적으로 야외에서 우리는 태양빛을 가지고 영화를 만들어야 한다. 잘 느끼지 못하는 것이지만 태양빛의 그 밝기는 너무나도 엄청나서, 야외에서라면 안 찍힌다는 것은 거의 느끼지 못한다. 그럼 야외에선 그냥 찍으면 되는 걸까? 태양은 언제나 우리의 머리 위에 떠 있기 때문에 어느 각도에서건 그림자가 생기고 어둡고 밝은 부분이 생길 수밖에 없다. 너무 밝다면 화면은 노출 과다가 되어 하얗게 찍히고 너무 어두운 부분은 노출 부족으로 까맣게 찍히게 된다. 촬영을 하다 보면 한 화면 안에 어떤 부분은 노출 과다, 어떤 부분은 노출 부족 같은 현상이 아주 빈번히 일어나는데 이런 경우 부족한 곳엔 빛을 비춰주고, 과다한 곳은 빛을 막아주면 해결된다. 이런 걸 없애지 않고 그냥 찍는 것은 영화라는 이름을 가질 의미가 없다. 화면은 보기 좋게 잘 찍는 것이 중요하다. 그러기 위해선 우리가 쉽게 가질 수 있는 것을 가지고 최고의 효과를 내야 하는데 그 선봉엔 반사판reflect board이 있다. 반사판은 제작하는 데 드는 비용이나 생긴 모습에 비해 야외 촬영에선 꼭 필요한 조명 장치인데 말 그대로 빛을 반사시키는 판이다. 보통 배우가 해를 등지고 서 있으면 배우의 얼굴은 까맣게 나오게 된다. 그럴 때 배우의 정면에서 반사판으로 비춰주면 얼굴에도 빛이 비춰지게 된다. 반사판의 크기는 정해져 있지 않다. 만약 전신을 비춰야 한다면 전신 크기만하게, 손바닥만 비추면 된다면 손바닥만하게 만들면 되는 것이다. 만드는 재료도 얼마만큼 빛을 반사시킬 것인가에 따라 많은 빛이 반사되는 알루미늄을 붙인 판에서 적은 양의 빛이 반사되는 하얀 스티로폼 판까지 다양하며 쓰는 방법은 우리가 거울로 누구의 눈을 눈부시게 하는 장난의 원리로 태양빛을 받아 피사체의 원하는 부분에 비춰주면 된다. 반사판 대여섯 개만 있다면 야외 촬영에선 불가능한 조명은 없을 정도며 그걸 어떻게 써야 하는가에는 공식이 없다.

## 인공 조명: 형광등에서 태양빛이 나는 HMI까지

비록 우리가 찍는 영화에 많이 쓸 수는 없지만 그래도 조명이라고 하면 빛을 가지고 인공적으로 만들어내는 세계이기 때문에 인공 조명에 대해 전혀 말 안 하고 넘어갈 수는 없다. 디지털 카메라로 찍는다는 것이 조명 없이 찍는다는 것을 의미하는 것은 절대 아니다. 다만 인공 조명을 하기 위해서는 엄청난 비용과 고도의 전문 인력이 필요한데 그러기엔 우리는 부족한 것이 너무 많다. 나중에 프로 영화인이 되었을 때를 기약하며 혹시 당신의 천재적인 창의력으로 간단한 설치를 해서 훌륭한 효과를 낼 수도 있기에 간단하게 설명하겠다. 실내에서 조명 기기를 설치하는 것은 형광등을 천장에 다는 것과는 비교도 할 수 없을 만큼 너무나도 어렵고 힘든 일이다. 앞에서 말했듯이 조명은 빛을 비춰서 단순하게 보이게 하는 것이 주 목적이지만 그것이 얼마만큼 자연스럽게, 또는 목적에 맞게 계산해서 설치하느냐를 결정하는 것은 느낌으로 하는 작업이 아니라 치밀한 계산과 정확

 **반사판 제작법**

**1** 원하는 크기의 널빤지나 쓰지 않는 패널을 구한다 (유리 액자는 무겁고 깨질 위험이 있어서 안 좋다).

**2** 알루미늄 호일을 구김 없이, 여백이 생기지 않게 하기 위해 조금 겹쳐서 붙인다.

**3** 붙인 호일이 떨어지지 않게 주변을 청 테이프로 붙인다.

**4** 하얀색 스티로폼 보드의 경우 가볍고 크기 조절이 용이해서 훌륭한 반사판이 되지만 알루미늄 호일에 비해 빛 반사가 적다.

촬영의 기본기에서 나왔듯이 태양빛과 인공 조명의 빛이 가지고 있는 색 온도는 다르다. 색 온도는 딱 떨어지게 정해져 있는 것은 아니고 0캘빈에서 30,000캘빈까지 다양한 스펙트럼을 가지고 있으며 우리 눈에만 백색광으로 보일 뿐이다. 필름 카메라의 경우 한 가지 광원만을 이용하는 것이 아니기에 다양한 색 온도의 빛의 균형을 잡기 위해 수없이 많은 필터를 사용하지만 디지털 카메라에는 화이트 밸런스 기능이 균형을 잡아주는 역할을 해서 별도의 필터는 필요 없다.

한 세팅이 필요하기 때문이다. 치밀한 계산에 따른 정확한 세팅을 위해 조명 기기의 종류는 굉장히 다양하다. 색 온도에 따라, 광량에 따라, 특수한 목적으로 사용되는 조명 기기까지 라이트의 종류만도 수십 가지가 넘으며, 또 원하는 조명을 하기 위해 필요한 수많은 액세서리들까지 포함하면 전문적으로 몇 년을 배워도 다 알지 못할 정도로 내용이 깊다. 하지만 여기서 영화를 멈출 수는 없고 나중을 위해 기본기를 익히는 것이라면 라이트의 종류는 어떤 것이 있고 기본 조명은 어떻게 하는 것인지 정도는 알고 있어야 하며 우리가 쉽게 구할 수 있는 라이트를 가지고 영화 촬영에 응용하는 방법도 생각해야 한다.

## 라이트의 종류

기본적으로 인공적인 조명은 텅스텐 램프를 이용한다. 텅스텐 램프는 두 가지 종류가 있는데 표준 텅스텐 램프와 텅스텐—할로겐 램프로 나뉜다. 표준 텅스텐 램프는 쉽게 우리가 보고 가정에서 쓰는 백열등인데 너무 어둡고 전기를 많이 잡아먹는 데다가 색 온도도 일정하지 않아 영화 촬영을 하기엔 비효과적이다. 텅스텐—할로겐 램프는 텅스텐 램프의 단점을 보완하여 만든 것으로 영화 촬영을 위한 라이트의 주종을 이루고 있고, 촬영을 위해 일반적으로 색 온도를 일정하게 3,200캘빈이 유지되게 만들어져 있다. 단점이라면 강한 빛이 나는 만큼 열도 많이 나서 까딱 잘못하면 화상을 입기 때문에 각별한 주의가 필요하다. 형광 램프는 쉽게 말하면 형광등이다. 하지만 영화 촬영에선 굉장히 골치 아픈 존재인데 가시광선의 색을 모두 내는 백열등이나 태양 빛과는 달리 형광 램프는 특별히 높은 파장의 광선만 내기 때문에 찍어놓고 보면 녹색을 띤 청색으로 보인다. 형광 램프를 보정해주는 필터를 사용해서 찍는 방법 외엔 없다. HMI 램프는 최근에 가장 많이 사용되는 밀폐형 아크 램프인데 태양빛에 가까운 색 온도를 낼 수 있다. 실내에서 자연광 같은 느낌으로 촬영할 때 많이 사용한다.

텅스텐 라이트와
데이 라이트 사진

## 기본적인 조명의 설계

조명을 하는 것은 단순히 보이게만 하기 위해서 하는 것은 누누이 아니라고 이야기했다. 보이는 것이 일차 목적이라면 분위기를 만들어내는 것은 이차 목적이다. 분위기는 찍히는 대상이 가지고 있는 고유의 색을 가장 가깝게 만들어내는 것일 수도 있고 반대로 의도적으로 다른 느낌으로 만들어내기 위해 특별한 조명을 해서 원하는 분위기를 만들어낼 수도 있다. 현장은 밝고 즐거운 분위기일지라도 조명에 따라 음산하고 우울한 분위기를 만들 수도 있다. 조명 설계 중 가장 기본적인 것은 인물을 중심으로 원근감과 입체감을 살리며 선명하게 찍히게 만드는 키 라이트, 필 라이트, 백 라이트를 이용하는 것이며 이 조명법이 기본이 되어 모든 조명에 응용이 된다.

키 라이트는 촬영하는 대상의 정면을 비추는 광선이며 대상을 설명하는 빛이다. 일반적으로 인물의 30~45도 각도에

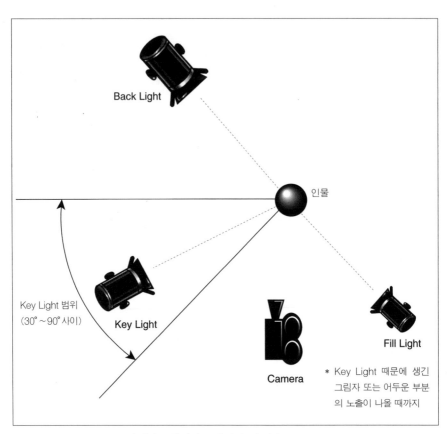

Back Light

인물

Key Light 범위
(30° ~ 90° 사이)

**Key Light**

**Camera**

**Fill Light**

\* Key Light 때문에 생긴
그림자 또는 어두운 부분
의 노출이 나올 때까지

키 라이트, 필 라이트, 백 라이트의 위치

서 비추는데 너무 정면에서 찍으면 입체감이 없어지기 때문
에 피하는 것이 좋다. 라이트의 설계는 높낮이를 고려해서
이루어진다. 여러 개의 광원을 키 라이트로 잡으면 산만해
지기 때문에 광원은 하나만 사용한다. 필 라이트는 키 라이
트를 비춰서 생기는 그림자 부분에 원하는 노출이 나오도록
빛을 비추는 역할을 한다. 설계는 키 라이트와 필 라이트를
합한 것이 필 라이트보다 밝게 하는데 2:1, 3:1, 4:1 등으로

나타낸다. 백 라이트는 촬영하는 대상의 입체감을 주기 위해서 사용되며 그 밝기는 키 라이트 이상의 빛이 나게 설계한다. 백 라이트가 없으면 입체감이 없어서 배경과 대상이 붙어 있는 것 같은 느낌이 난다.

조명은 인물만 비추는 것이 아니라 화면 속에 들어오는 모든 것에 설치하는 것이다. 그러기 위해서는 상당히 많은 수의 조명기가 필요한데 빛의 특성상 광원이 다른 두 개의 빛이 부딪치면 더 밝아지기 때문에 어떻게 설계하고 배치할 것인가는 꽤 복잡한 문제가 되며 실제로는 피사체에 직접적으로 비춰지는 입사광 이외에도 다른 곳에 반사되어 피사체에 비춰지는 반사광까지 같이 계산해야 하기 때문에 다양한 기능을 가지고 있는 여러 종류의 노출계를 이용해서 정확하게 조절해야 한다. 디지털 카메라의 경우 카메라 내에 자동으로 노출을 조절하기 때문에 별도의 노출계가 필요하지는 않지만 셔터 스피드를 이용해서 수동으로 조절할 수도 있다.

빛에 색을 집어넣거나 특별한 느낌을 내기 위해 라이트에는 각각 특성을 가진 필터들을 부착해서 사용할 수 있다. 예를 들면 빛이 강할수록 그림자가 짙게 생기고 옅을수록 그림자가 없는데 이것은 맑은 날 그림자가 짙게 생기고 구름낀 날 그림자가 없는 것과 같은 원리다. 이 원리를 이용해서 라이트 앞에 필터나 유산지(빛을 분산시키는 역할을 하는 종이)를 붙여 그림자를 없앨 수 있고 전체적으로 부드러운 화면 효과를 얻을 수도 있다. 상황에 따라 모두 다를 수밖에 없는 조명 방법은 단순히 책에서 이론적으로 배울 수 있는 것보다 현장에서 경험을 쌓으면서 알아가는 것이 더 많다. 중요한 것은 조명은 화면을 어떻게 만들고 싶은가 하는 감독의 의도에 따라 아주 새롭게 설계할 수도 있다는 것이다. 정해진 공식이란 없다. 지금까지 여러 사람이 해봤던 것을 정리해놓은 것일 뿐이며 새로운 조명 방식을 개발하는 것도 굉장한 즐거움이다.

### 우리가 활용할 수 있는 라이트

디지털 카메라로 찍는 우리의 영화에서 활용할 수 있는 라이트는 20W짜리 전구에서부터 형광등, 그리고 전문적인 조명 기기까지 다양하며, 야외 촬영에선 반사판(리플렉터)만 용도에 맞춰 여러 개를 잘 준비한다면 많은 준비가 되어 있는 것이다. 야외 촬영을 할 때 리허설을 하는 도중에 여러 개의 반사판을 가지고 각도를 맞추면서 카메라의 파인더나 모니터 속에 어둡게 나오는 부분이 없는지를 확인하고 원하는 느낌의 화면을 만들어 나갈 수도 있다. 실내에서 촬영하게 되는 경우 영화 현장에서 사용하는 라이트를 사서 쓸 수도 있지만 그 가격은 만만찮게 비싸고 관리하기도 어렵다. 하지만 디지털 카메라의 장점인 화이트 밸런스 기능은 여러 가지 색 온도가 다른 빛을 사용하더라도 최종적으로 구성된 빛에 맞게 화이트 밸런스가 잡히기 때문에 인공 조명의 기본 설치 방법에 따라 형광등과 백열등, 그리고 스탠드 등등, 구할 수 있는 라이트를 모두 모아 잘 구성해도 충분한 효과를 낼 수 있다. 이 또한 리허설을 여러 번 해서 모니터를 확인해보면 원하는 느낌이 나는지를 알 수 있다. 조명은 화면에 직접적으로 영향을 미치고 시각으로 바로 확인되기 때문에 조명을 안 한 화면과 한 화면은 촬영 테이프 상에서 확연하게 차이가 난다. 우리가 가진 조명기가 없다고 그냥 찍는 것보다는 스탠드라도 구해서 밝은 램프를 끼운다면 충분히 조명기의 역할을 수행한다. 반복해서 말하지만 영화를 만들 때 필요한 것은 상상력과 통찰력이다. 정해진 것이 없다는 것만큼 자유롭게 무엇인가를 해볼 수 있는 것도 큰 매력이다. 뭐든지 해보고 그 결과물에 대해서 사람들이 이러쿵저러쿵 한다면 그건 감독의 의도라고 거만하게 말하면 뭘 어쩌겠는가, 만사 오케이지!

## 3. 녹음에 대해 알아야 하는 수많은 것들 중에 몇 가지

1895년, 프랑스의 뤼미에르 형제에 의해 처음 만들어진 영화와 지금 우리들이 만들려고 하는 영화 사이에는 100여 년의 시간 말고도 여러 가지 다른 점이 있지만 가장 큰 차이는 바로 소리에 있다. 물론 과거의 영화들에도 소리는 존재했지만 그때 소리의 역할은 단지 화면을 보조해주는 것에 가까웠다. 하지만 과학의 발전과 함께 진행된 사운드 메커니즘의 진보로 실제로 존재하는 소리를 더욱더 영화다운 소리로 만들기 위해 상상 속에 존재하는 소리까지도 인공적으로 만들어낼 수 있게 되었다. 그래서 과거의 영화들이 주로 내용의 전달이나 감정의 공유를 목적으로 소리를 사용해왔다면 요즘의 영화는 내용의 전달이나 감정의 공유는 물론이고 화면 속에 존재하는 그 무엇인가에 빠져 있는 관객들의 상상력을 자극하여 실재감을 느끼게 해주는 역할까지 수행하고 있기에 현대 영화에서 소리의 역할은 화면 못지않게 중요하게 여겨지고 있다.

영화를 만들 때 녹음이라 함은 현장에서 녹음하는 동시 녹음과 후반 작업 과정에 있는 효과나 음악, 또는 대사의 후시 녹음을 포함한 믹싱mixing을 의미한다. 우리가 작업하는 디지털 카메라의 또 하나의 강점은 바로 화면과 함께 소리가 담긴다는 것이다. 당연한 소리를 한 것 같지만 비디오 카메라와 달리 필름 카메라의 경우 촬영과 동시 녹음이 분리되어 있어 현장에서 따로 녹음을 해야 하기 때문에, 이해하고 있지 않다면 나중에 필름으로 작업하려고 할 때 낭패를 보게 되는 일이 생긴다. 물론 디지털로 영화를 만드는 것도 완성도를 위해 외부 녹음 장치를 사용할 수 있고 자신 있다면 기꺼이 해야 하는 것이 옳다. 대부분의 디지털 카메라나 비디오 카메라에 달려 있는 마이크는 감도가 굉장히 좋지만 카메라에 내장되어 있어 바로 앞에서 들리는 소리만 정확하게 담기는 단점이 있다. 디지털로 영화를 만들 때 특히 신경 써야 하는 부분이 대사의 녹음인데 롱 숏long shot으로 상황을 설명하고 싶을 때 대사가 하나도 안 들리면 그 장면은 문제가 있기 때문이다. 그럼 어떻게 하지? 컷을 바꿔야 하나? 저런저런. 이런 사소한 문제에 감독이 자신이 만들고 싶은 영화에 대한 꿈을 바꿔서야 쓰나. 해결하는 방법은 간단하다. 마이크를 카메라에서 분리해내면 된다. 어이 거기, 마이크를 분리한다고 카메라를 부수지는 말고.

## 동시 녹음: 소리 없는 화면은 죽은 화면, 그럼 안 들리는 화면은?

믿을 수 있을까? 불과 몇 년 전만 해도 우리나라에서 만들어지는 모든 영화는 후시 녹음이었다. 현장에서는 화면만 찍은 후에 나중에 녹음실에서 성우들과 배우들이 입을 맞추며 더빙을 해서 극장에서 상영되었던 방식이 1990년대 초까지 우리나라에서 제작된 모든 영화의 녹음 방식이었다. 현장에서 소리를 같이 담아내는 동시 녹음은 지극히 당연한 것 같지만 이것이 가능하게 된 것은 과학의 발전과 함께 꽤 복잡한 메커니즘이 뒷받침되었기 때문이다. 하지만 우리가 메커니즘까지 알 필요는 없다. 너무 궁금해서 영화를 못 만들겠다고? 그럼 녹음에 대한 책을 사서 읽어보도록! 그 안에는 소리가 파장이라는 것에서부터 녹음 원리와 녹음을 위한 하드웨어, 그 특성에 대해 너무나도 자세하게 나와 있기 때문에 착실하게 그 책을 공부한다면 당신은 녹음 전문가가 되어버릴 수도 있다.

동시 녹음은 말 그대로 현장에서 벌어지는 상황에서 나는 소리를 같이 녹음하는 것이다. 디지털 카메라의 경우 테이프가 가지고 있는 특성상 화면과 같이 소리가 담기지만 외부 녹음기를 사용한다면 동시 녹음을 위해 화면과 소리를 외부 마이크와 카메라를 연결하는 라인을 만들거나 구입할 때 라인의 양쪽 끝에 달려 있는 잭 또는 플러그가 마이크와 카메라의 기종에 맞는 것인가를 반드시 확인해야 한다. 보통의 마이크는 라인과 연결하는 부분이 세 개의 핀으로 구성되어 있는 원형 다극 커넥터, 일명 캐논 잭이 달려 있고 마이크의 외부 입력 단자는 헤드폰에 많이 사용되는 모노 또는 스테레오 커넥터 즉, 핀 플러그인 경우가 많다. 캐논 잭은 미국과 유럽이 그 사용 방법이 다른데 마이크의 회사가 어디냐에 따라 플러그의 출력 형태가 암 또는 수로 결정된다. 자신이 사용하는 마이크와 카메라의 단자들을 확인하고 그에 맞는 플러그를 가진 라인을 준비하자.

캐논 커넥터 M

캐논 커넥터 F

각각의 커넥터를 장착한 라인

맞추기 위한 별도의 공정이 필요한데 바로 슬레이트를 치는 것이다. 촬영에 대한 여러 가지 정보가 쓰여져 있는 슬레이트를 침으로써 슬레이트의 위와 아래가 붙어 있는 장면의 시작과 딱 부딪치는 소리를 편집기상에서 같은 위치에 놓게 되면 화면과 소리가 일치하게 된다. 이를 싱크sync 작업이라 하며 편집을 하기 위한 첫번째 작업이 된다. 디지털 카메라로 촬영한다고 해도 소리를 따로 녹음기로 녹음해두면 앞에서 말한 소리에 의한 화면 구성을 하는 데 큰 도움이 된다. 그러기 위해선 슬레이트를 꼭 쳐야 하고 컷마다 기록을 확실하게 해야 한다. 먼 거리에서 F.S을 찍을 때 소리를 잘 들리게 하기 위해 배우에게 큰 소리를 지르면서 연기하라고 할 수만은 없다. 그렇다고 모든 화면을 B.S으로 찍을 수는 더더욱 없다. 그럼 어떻게? 비디오 카메라로 선명하게 대사를 녹음하는 방법은 의외로 간단한데 바로 마이크를 분리해내면 된다.

카메라에서 마이크를 분리해내기 위해서 필요한 것은 외부 마이크, 붐, 그리고 마이크와 카메라를 연결하는 라인이다. 먼저 마이크는 상황에 맞춰 노래방용 마이크도 좋고, 구할 수 있다면 지향성 마이크도 좋다. 붐(또는 피시 폴)은 판매하는 것도 있지만 간단하게 만들어 쓸 수도 있다. 가급적이면 가볍고 흔들거리지 않는 것이 좋으며 정 구할 수 없다면 대걸레 자루도 괜찮다. 라인 또한 길이마다 시제품이 나와 있지만 충분한 길이가 필요하다면 라인을 판매하는 곳에서 만들어주기도 한다. 대부분의 비디오 카메라를 잘 살펴보면 외부 마이크를 연결하는 단자가 있다. 비디오 카메라는 스테레오지만 외부 단자로 마이크를 연결하면 외부 마이크로만 녹음이 된다. 대부분의 카메라에는 외부 마이크를 사용할 수 있게 되어 있는데 카메라와 마이크를 연결하는 선만 길게 준비한다면 아무리 멀리 떨어져 있더라도 촬영 대상 바로 앞에 마이크를 설치할 수 있다. 외부 마이크를 쓸 때 마이크 자체를 손으로 잡고 있으면 마이크를 고쳐 잡거나 땀이 나서 미끄러지거나 하면서 생기게 되는 잡음이 날 가능성이 높다. 우리가 텔레비전이나 영화를 보면 가끔 긴 장대 끝에 마이크를 달고 서 있는 사람을 볼 수 있는데 이 사람은 붐 맨boom man이라고 하여 전문적으로 마이크만 드는 사람이다. 붐을 드는 것은 아주 기초적이지만 굉장히 어려운 기술이기 때문에 사실 동시 녹음은 붐 맨의 실력에 따라 좌우된다고 말할 수도 있다. 또한 마이크의 종류도 그 성능에 따라 다양하며, 가격도 천차만별이다. 크게 지향성 마이크와 무지향성 마이크로 분류한다.

지향성 마이크라고 하는 것은 마이크의 헤드를 정면으로 좌우 일정한 각도 내의 소리를 더욱더 잘 들리게 소리를 받아들이는 마이크를 말하며 각도의 범위에 따라 지향성, 초지향성 마이크로 나뉘고 영화 녹음에 주로 사용되는데 굉장히 비싸다. 무지향성 마이크는 반대로 가까운 곳에서 들리는 소리에 민감한데 비디오 카메라에 달려 있는 마이크나, 노래방에서 쓰는 마이크가 무지향성 마이크에 속하며 가격도 저렴하다.

## 동시 녹음을 할 때 절대로 잊지 말아야 하는 작은 것들

잊지 말아야 할 것은 동시 녹음은 굉장히 어렵다는 것이다. 여기서 이야기하는 수준은 아마추어의 수준이며 만약 동시 녹음에 대해서 자세하게 또는 전문적으로 하고 싶다면 관련된 공부를 하고 현장 경험을 쌓아야만 한다. 소리는 보이지 않기 때문에 느껴야만 한다. 그 느낌을 잡아냈을 때의 짜릿함을 위해서라도 말이다.

마이크는 아무렇게나 들어도 되나? 원칙적으로 화면에 마이크가 나오지만 않는다면 어떤 방식으로 마이크를 들어도 상관은 없다. 하지만 음원에 마이크가 가깝게 갈수록 소리가 선명해지고 잡음이 적어지는 것은 굳이 이론을 이야기하지 않아도 이해할 수 있을 것이다. 마이크를 들 때 가장 좋은 방법은 바로 'overhead boom mic' 기법이다. 이 방법은 말 그대로 붐에 연결한 마이크를 사람 이마의 연장선을 일직선으로 했을 때, 약 45에서 90도 정도에 들어가게 드는 방법인데 그 범위 안이 대사가 가장 잘 들리는 각도이기 때문이다.

## 마이크를 드는 연습 즉, 붐 오퍼레이팅 연습을 하자

외부 마이크를 사용하면서 가장 첫째로 중요하게 지켜야 하는 것은 바로 최대한 음원(소리가 나는 곳)에 가깝게 가야 한다는 것이다. 하지만 외부 마이크를 사용하는 경우 의도적이 아니라면 마이크가 화면에 나오는 경우는 N.G 화면이며 또한 마이크 그림자가 나오는 것도 마찬가지이다. 마이크를 드는 사람은 화면을 볼 수 없기 때문에 나오는지 안 나오는지 알 수 없다. 하지만 걱정은 금물. 현장에서 촬영을 할 때 순서를 알면 간단하게 해결할 수 있는데 먼저 원하는 화면을 카메라로 잡은 후에 화면 안에 마이크가 보이지 않는 선까지 최대한 가깝게 접근하면 되고, 카메라나 배우가 이동하면 그에 따라 같이 움직이면 된다.

## 헤드폰을 쓰고 마이크를 움직여보면서 소리에도 방향이 있다는 것을 확인하자

화면을 보고 있으면 음원의 위치에 따라 소리가 각각 다른 방향에서 들리는 것을 알 수 있다. 이것은 지향성 마이크로 녹음한 경우 더욱더 선명하게 알 수 있고 의도적으로 오프프레임과 함께 이용해서 멋진 화면 구성을 할 수도 있다. 기본적으로는 화면에 보이는 쪽에서 소리가 들려야 하기 때문에 마이크의 방향은 항상 카메라 쪽에서 음원 쪽으로 향하게 하지만 의도적으로 왜곡시키는 경우도 있다.

컷의 앞, 뒤로 충분히 녹음하자

디지털 카메라의 경우 촬영의 기본기에서도 간단하게 이야기했듯이, 극영화라면 모든 컷을 충분하게 찍어둘 필요가 있는데 이것은 녹음의 후반 작업을 위해서 더욱더 필요하다. 외부 녹음기를 이용하는 경우라면 카메라가 돌아가기 전부터 녹음되고 카메라가 멈춘 다음에 녹음을 그치는 것이 좋은데 이는 편집할 때 다양한 컷 포인트를 잡을 수 있게 해준다. 또한 소리는 화면보다 민감해서 컷이 바뀔 때마다 소리가 달라지면 금방 티가 난다. 만약 한 사람이 동일한 대사를 하고 있는 중간에 컷이 바뀐다고 컷이 바뀌는 부분까지만 촬영을 한다면 소리도 두 개로 나눌 수밖에 없다. 이런 경우는 그 컷의 촬영을 처음부터 끝까지 두 번을 하여 단절감 없이 대사를 연결할 수 있도록 준비하는 것이 좋다. 또한 같은 공간에서 벌어진 일을 여러 날에 나눠서 찍을 경우 배경 소음으로 통일감을 줄 수 있는데 이를 룸 톤room tone이라고 하며 후에 믹싱 작업 때 여러 트랙으로 나누어서 작업할 수 있는 소스를 만드는 것이 중요하기 때문에 현장 소음을 충분히 녹음해두는 것이 중요하다.


외부 녹음기를 사용하고 싶다면 어떤 것을?

디지털 카메라야 테이프에 같이 녹음이 된다지만 다른 녹음기를 사용하는 경우라면 어떤 녹음기를 선택할까 하는 것도 꽤 심각한 문제가 된다. 영화 녹음을 위한 녹음기는 몇천만 원짜리 최고급 녹음기에서부터 집에서 쓰는 워크맨으로도 가능하다. 차이라면 그 퀄리티(품질)의 차이랄까. 어떻게 녹음을 해야 할까 고민하지 말자. 레코드 버튼을 누르고 볼륨을 조절하는 사람의 귀에 정확하고 선명하게 들리면 된다. 너무 큰 소리도 문제지만 너무 작은 소리도 문제가 된다. 볼륨의 크고 적음은 나중에 편집하고 믹싱하는 과정에서 조절할 수 있으니 가장 잘 들리고, 정확하게 녹음하는 것이 중요하다.

사운드 기록의 중요성은 백 번을 말해도 한 번 더 이야기할 수 있을 만큼 중요하다

촬영되는 테이프에 바로 소리를 집어넣는 경우라면 좀 덜하지만, 그렇다고 안 해서는 절대로 안 된다! 녹음기를 따로 사용하는 경우라면 특히 중요하다. 지겹도록 말하지만 소리는 보이지 않기 때문에 기록이 되어 있지 않다면 어떤 것이 오케이고, NG인지 들어만 봐선 알 수 없기 때문이다. 디지털 카메라에 소리까지 녹음하는 경우엔 스크립트 페이퍼에, 녹음기를 따로 사용하는 경우엔 사운드 스크립트 페이퍼를 마련해서 컷마다 기록을 해둬야 하며 가능하다면 화면과 관계없이 소리가 잘 들리게 녹음이 되었는지, 느낌이 잘 살았는지 등등을 가지고 OK, NG를 표시해둔다면 편집할 때 사용할 수 있는 재료가 또 하나 늘어나게 된다. 재료가 많은 것은 누가 뭐래도 좋은 것이다.

외부 녹음기를 사용할 경우 사운드 스크립트 페이퍼는 꼭 만들어서 작성해야 한다. 기록은 테이프에 녹음되는 순서대로 하며 비고에 왜 NG/OK인지를 간단하게라도 밝혀야 편집할 때 헷갈리지 않는다.

| DATE | TAPE# | S# | C# | TAKE# | ○/× | 비고 |
|---|---|---|---|---|---|---|
| 5/21 | 1 | 32 | 1 | 1 | × | 대사 까먹음 |
| | | | | 2 | × | 화면 NG |
| | | | | 3 | KEEP | 배경 소음 |
| | | | | 4 | ○ | |
| | | | 4 | 1 | ○ | |
| | | | 3 | 1 | × | 화면 NG |
| | | | | 2 | × | 동작선 안 맞음 |
| | | | | 3 | × | 대사 틀림 |
| | | | | 4 | ○ | |
| | | | | 5 | KEEP | 대사 작음 |
| | | | 2 | 1 | ○ | |
| | | 4 | 1 | 1 | × | 연기 |
| | | | | 2 | ○ | |
| | | | | 3 | KEEP | 대사 작음 |
| | 2 | | 2 | 1 | ○ | |
| | | | 4 | 1 | ○ | |
| | | | 3 | 1 | × | 화면 NG |
| | | | | 2 | × | 화면 NG |
| | | | | 3 | KEEP | 화면 NG 의심 |
| | | | | 4 | ○ | |
| 5/22 | | 8 | 3 | 1 | × | 주변 소음 |
| | | | | | ○ | |
| | | | 6 | 1 | × | 화면 NG |

## 4. 가자! 현장으로

이렇게 하늘이 원망스러울 수 있을까? 콘티 속에 상황은 추적추적 비가 와야 하는데 이렇게 날씨가 좋다 못해 햇볕이 쨍쨍 내리쬘 수가! 그렇다고 촬영 날짜를 연기하자니 장비나 배우, 스태프들의 스케줄이 문제가 되고 현장에서 한숨을 푹푹 쉬고 머리를 쥐어짜서 내린 결론은 콘티를 수정해서 화창한 날씨로 갈 수밖에. 하지만 비록 콘티에서 설정한 날씨는 아니라도, 정말 멋진 배우를 쓰고 싶었지만 이런 저런 문제들 때문에 어쩔 수 없이 하나도 예쁘지 않으면서 예쁜 척만 하는 공주과 친구를 배우로 쓰더라도, 최상급의 카메라도 충분한 조명기도 아닌 돌다가 멈추지만 않기를 기도하고 단 한 개라도 구한 게 어디냐 하고 자위할 만큼 열악한 촬영 현장이라도 당신에게 이날, 당신의 첫번째 영화의 첫번째 촬영일은 평생 기억으로 남는다. 그 가슴 떨림이 당신이 영화인이 되는 첫번째 발걸음이라면 믿겠는가? 오히려 상황이 안 좋으면 안 좋을수록 용기 백배해서 파이팅을 하면 그 노력이 가상해서라도 하느님이라도 도와줄지 모르는 일이다. 이론상으론 미리 모든 것을 준비하면 척척 촬영이 진행되어야 하지만 사람의 일은 알 수 없는 것. 당장 마음에 드는 상황이 벌어지지 않는다 해도 차분하게 인내심을 가지고 기다리며 한컷 한컷 촬영에 임하다 보면 어느새 마지막 촬영날이 된다. 마지막 촬영날, 마지막 신의 마지막 컷을 외치는 순간 당신의 첫번째 영화 촬영은 끝이 나지만 그 기억에는 다른 어떤 일에서도 맛볼 수 없는 감동이 존재한다.

대부분의 촬영 현장은 비슷한 순서로 진행되는데 미리 헌팅된 장소에 도착해서 그날 촬영 분량을 체크하고 카메라와 조명기를 세팅한다. 그 동안 배우들은 메이크업을 하고 감독은 배우들과 지금 찍을 부분에 대해 요구하는 바를 말하고 대사 리허설을 하게 된다. 세팅이 끝나고 리허설이 끝나면 완벽하게 갖춰진 현장에서 촬영과 똑같은 상황으로 한 번, 또는 두 번 아니 맘에 드는 장면이 나올 때까지 동작을 포함한 리허설을 하고 촬영을 해도 좋을 것 같다는 판단이 서면 슛Shoot을 들어가게 된다. 촬영을 마치면 감독은 촬영감독, 배우와 함께 방금 찍은 장면을 모니터로 확인하고 만약 안 좋다면 N.G, 다시 촬영을 하여 괜찮다면 O.K, 그리고 괜찮지만 마음에 완벽하게 드는 것이 아니라면 KEEP을 한 후에 다시 한번 촬영을 하면 된다. 스크립터는 이 모든 것을 기록으로 남겨야 하는데 테이크마다 N.G, O.K, KEEP을 기록하고 배우들이 서 있는 위치, 카메라 위치 등등을 스크립트 페이퍼에 기록해둔다.

다음 현장 사진은 디지털 단편 영화 「가화만사성」의 촬영 현장을 찍은 것이다. 이들은 워크숍을 통해 만났으며 워크숍 작품에 이어 두번째 영화를 만들고 있다. 아래 사진들은 두 곳의 현장에서 찍었으며 구분하진 않았지만 한쪽은 트랙을 설치한 이동 장면, 또 한 곳은 학교 앞에서 학생들이 귀가하는 장면이다. 이론상으로 말하는 완벽한 준비와 실제로 현장에서 이루어지는 차이를 느껴 보기 바란다.

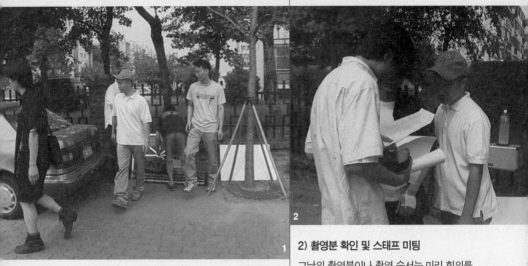

1

2

### 1) 촬영 현장 도착

촬영 시작 시간을 정할 때 현장에 기자재를 설치하는 시간을 고려해서 정해야 한다. 만약 아침 장면을 찍는다면 스태프들은 새벽에 와서 준비를 해야 원하는 아침 시간에 촬영을 할 수 있다. 어느 한 명이라도 늦는다면 전체적으로 촬영이 지연되니까 시간 엄수는 필수!!

### 2) 촬영분 확인 및 스태프 미팅

그날의 촬영분이나 촬영 순서는 미리 회의를 통해서 결정되어야 하며 현장에서는 확인 정도의 수준으로 그칠 수 있어야 한다.
불가피한 상황이 아니라면 순서는 변경하지 않아야 촬영 전 촬영을 위해 미리 준비했던 것들을 유용하게 쓸 수 있다. 모든 스태프와 배우들이 그날 찍을 부분에 대해 충분히 이해하고 있어야 함은 물론이다.

3-1

3-2

4

5-1

## 4) 메이크업

스태프들이 현장을 세팅하는 사이 배우들은 의상을 갈아입고 메이크업을 한다. 화장을 안 한 얼굴을 찍으면 화면 속에서는 울긋불긋하거나 번들거리게 보인다. 완벽하게 할 수는 없을지라도 기본적으로 빛이 반사되거나 얼굴 색이 울긋불긋하게 보이지 않게 하기 위해 얼굴 색과 같은 파운데이션을 해줘야 한다.

## 3) 현장 세팅

야외 촬영인 관계로 조명은 설치하지 않았다. 이동 장면을 위해 이동차를 설치하기 위해 바닥에 트랙을 설치하는 중, 그사이 촬영 감독과 감독은 원하는 장소와 느낌에 대해 의견을 공유하고 원하는 장면이 나오는지 의논한다.

배우에게 그날 촬영분을 설명해주는 감독.

5-2

5-3

## 5) 리허설

현장 세팅이 끝나고 나면 실제 촬영과 똑같은 조건으로 리허설을 한다. 리허설을 할 때 원하는 앵글이 나오는지, 더 나은 앵글이 없는지 꼼꼼히 챙겨 봐야 하며 사진과 같이 이동 장면일 땐 움직이면서 카메라가 움직이지는 않는지, 원하는 화면이 나오는지 여러 번의 리허설을 통해 확인해야 한다. 사진처럼 이동 장면일 때 화면의 높이를 맞추기 위해 화면에 찍히지 않는 다리를 구부릴 수도 있으며 그 반대로 밑에 무엇을 받쳐놓을 수도 있다. 화면에 대한 부분을 촬영 감독이 책임진다면 세세한 연기 지도 및 배우들의 움직임 같은 것은 감독이 리허설을 통해 원하는 느낌으로 조정해 나가면 된다.

6   7-1

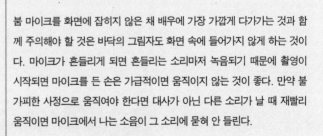

7-2

7-3

## 6) 동시 녹음 마이크

피시폴fishpole에 연결된 마이크는 주변의 잡음과 바람 소리 등을 막아내기 위해 많은 액세서리를 사용한다. 보통 마이크와 세트로 준비해야 하는데 사진 속의 마이크는 주변 소음과 바람 소리를 막기 위한 윈드 스크린과 윈드 쉴드를 장착한 것이다.

## 7) 촬영

모든 준비가 끝났다면 촬영을 시작한다. 슬레이트, 클립보드는 보통 화이트보드로 되어 있어 수성 사인펜으로 글씨를 쓴다. 촬영의 순서는 배우들과 스태프들이 모두 자신의 위치에 서면 카메라의 레코딩 버튼을 누르고 헤드폰을 쓰고 있는 녹음 기사가 사운드가 들어오고 있는 것을 확인하면 "사운드"라고 외친다. 그 소리를 들은 후에 슬레이트를 들고 있는 스태프가 "신 1 컷 1 테이크 4"라고 외친 후에 슬레이트를 친다. 감독은 슬레이트를 친 후에 배우들을 향해 "액션"을 외치고 그때부터 배우들은 연기를 시작한다. 스크립터는 지금까지의 모든 과정을 스크립트 페이퍼에 써야 한다.

붐 마이크를 화면에 잡히지 않은 채 배우에 가장 가깝게 다가가는 것과 함께 주의해야 할 것은 바닥의 그림자도 화면 속에 들어가지 않게 하는 것이다. 마이크가 흔들리게 되면 흔들리는 소리마저 녹음되기 때문에 촬영이 시작되면 마이크를 든 손은 가급적이면 움직이지 않는 것이 좋다. 만약 불가피한 사정으로 움직여야 한다면 대사가 아닌 다른 소리가 날 때 재빨리 움직이면 마이크에서 나는 소음이 그 소리에 묻혀 안 들린다.

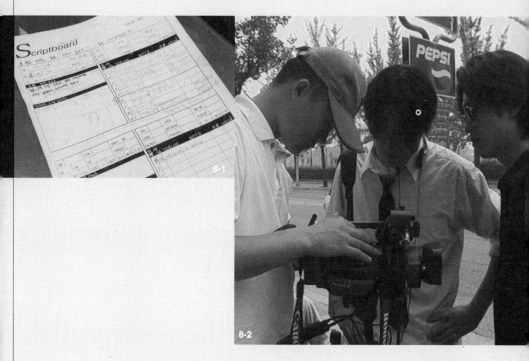

8-1

8-2

### 8) 촬영 확인

한 테이크가 끝나면 방금 찍은 것이 N.G인가 O.K인가를 확인해봐야 한다.

사진 속에선 카메라의 LCD 창을 통해서 확인하지만 가급적이면 모니터를 연결해서

조금이라도 큰 화면으로 확인하는 것이 좋다. 촬영 확인 후에 그 결과를 페이퍼에 옮겨 적는다.

영화를 보는 것과 달리 찍는 것은 기다림의 연속이라고 말할 정도로 한 장면을 찍기 위해 정말 오랜 시간이 걸린다. 10초짜리 한 장면을 위해 두 시간, 세 시간씩 세팅을 하고 리허설도 몇 시간씩 하는 경우가 아주 많다. 모두 다 지치고 짜증이 나는 상황에서 촬영마저 원하는 대로 되지 않을 때 과연 우리들은 어떻게 해야 할까? 절대로! 절대로 잊지 말아야 할 것은 자신이 그 현장에서 어떤 역할을 하고 있든지 간에 촬영 현장에서 그 누구도 짜증을 내거나 화를 내서는 안 된다는 것이다. 영화 현장에서 그 누구 하나 힘들지 않은 사람은 없다. 모두 다 힘든데 나 힘들다고 또는 지루하다고, 맘대로 안 된다고 신경질을 부리거나 화를 내면 그날 촬영은 접는 편이 낫다. 영화는 혼자 만드는 것이 아니다. 배우와 스태프 전원이 합심해서 척척 해 나가도 좋은 영화가 나올 가능성은 많지 않다. 그럼에도 불구하고 스태프들 사이에 감정이 상해 있다면 결과가 어떻겠는가. 특히 감독은 현장의 분위기를 이끌고 나가야 하며 전체적으로 리듬감 있게 작업을 해 나감으로써 그날 목표한 촬영 분량을 다 소화해낼 수 있어야 한다. 서로서로 조금씩 양보하며 웃으면서 촬영하면 영화를 찍는 것만큼 재미있는 일도 없다.

# 제4장

자르고 붙이고 소리를 입히고,
후반 작업 그리고 개봉 박두!

자! 이젠 촬영이 끝났다. 내가 제대로 하고 있는지 도대체 알 수 없었던, 이렇게 찍어서 과연 영화가 완성될까? 하고 꿈자리까지 뒤숭숭하게 만들었던 현장에서의 작업은 모두 끝이 났다. 처음부터 끝까지, 촬영한 것을 검토해보고 너무 나빠서 도저히 쓸 수 없는 부분의 재촬영까지 모두 다 끝마쳤다면 이젠 후반 작업 — 포스트프로덕션 — 을 해야 한다. 영화를 만드는 것을 요리에 비교한다면 프리프로덕션은 어떤 요리를 만들 것인지 준비하는 것과 같고, 촬영은 음식의 재료를 준비하는 것과 같다. 일반적으로 후반 작업이라 부르는 편집과 녹음, 그리고 그외 많은 작업들은 준비된 재료를 가지고 영화를 '만드는' 작업과도 같다. 후반 작업을 거치면서 촬영된 재료들은 비로소 우리가 알고 있는 형식의 '영화'로 만들어진다. 얼마만큼 신선하고 좋은 재료를 사용하느냐에 따라 요리의 질이 좌우되지만 그 좋은 재료들을 어떻게 요리하느냐에 따라서도 요리의 완성도가 달라지듯 얼마만큼 후반 작업에 공을 들이느냐에 따라 영화의 완성도도 달라지게 마련이다. 비록 기획 단계에서 또는 콘티뉴이티를 만들면서 완성된 영화를 어느 정도 예상은 할 수 있지만 그것은 손질 정도만 한 재료일 뿐 그 자체로 먹을 수 있는 음식은 아니다. 편집은 화면을 완성하고 녹음은 소리를 완성하는 것이다. 또한 편집과 녹음에 있어서 작업 공정은 다큐멘터리나 극영화나 다르지 않다. 편집과 녹음 즉, 포스트프로덕션은 기술적인 부분만을 의미하는 것은 절대 아니라는 것을 잊지 말자. 후반 작업은 창조적인 작업이다. 영화가 예술로서, 상품으로서 그 가치를 가질 수 있게 된 것도 후반 작업을 하는 사람들의 노력이 있었기 때문이다. 똑같은 영화라 할지라도 어떻게 편집을 하느냐에 따라 전혀 반대의 의미를 지닐 수도 있고, 어떤 효과음을 사용하고 어떻게 사운드 밸런스를 잡느냐에 따라 영화의 방향이 의도와는 달라질 수 있기 때문에 후반 작업의 중요성은 아무리 강조해도 넘치지 않는다.

### 🎥 디지털 영화 후반 작업 맵

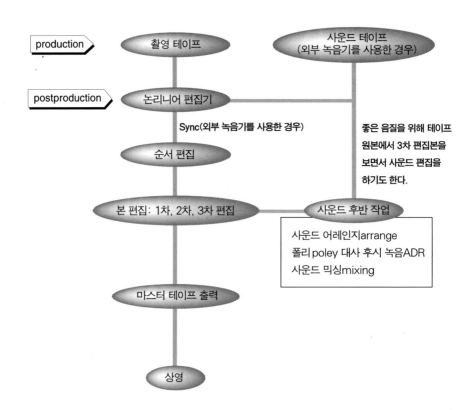

## 1. 자르고 붙이고—편집

편집editing을 어떻게 해야 하는 걸까? 무엇으로 편집을 해야 하는 거지? 완성된 나의 걸작만을 생각하며 열심히 달려왔건만 편집이라는 새로운 벽에 부딪친 기분, 충분히 이해한다. 그도 그럴 것이 후반 작업—포스트프로덕션부터는 지금까지와는 달리 각각의 작업실에서 의자에 앉아 자신이 만든 영화를 백 번이고 천 번이고 보면서 제일 좋은 것, 가장 잘 어울리는 것을 골라내야 하기 때문이다. 편집도 편집기 앞에 앉아 철저하게 자기 자신과 싸우는 과정이기 때문에 여러 사람이 북적거리며 재미있는 에피소드들이 계속해서 생겨나는 촬영 때와는 달리 우울하고 지겨우며 괴로운 작업이 되는데 왜냐하면 촬영 테이프를 보면서 감독은 왜 이때 이렇게 했을까? 저렇게 하면 더 괜찮지 않았을까 하며 끊임없이 자신을 학대하고 괴로워하기 때문이다. 편집이 점점 마무리되어가면서 어느 정도 완성되어가는 영화를 볼 때마다 느끼는 그 자괴감이란! 하하하. 그렇지만 걱정하지 마라. 그 영화의 완성도는 자기 자신이 판단하는 것이 아니라 관객들이 판단하는 것이다. 어이 거기. 난 너무 잘 만들어서 그런 감정 못 느끼는걸 하고 말하는 당신, 어디 다 만들고 난 후에 관객들의 반응도 과연 그럴까?

### 편집은 무엇으로 하는가?

편집은 무엇으로 할까? 편집기로 한다. 아니 이런 뻔한

**절대로 명심!**

후반 작업은 영화의 부분 부분에 집착하기보다는 전체적인 부분을 바라보며 작업해야 한다. 우리가 만드는 영화는 한 프레임, 두 프레임이 모여서 1분, 10분, 그 이상의 시간이 된 것이다. 영화가 가지고 있어야 하는 리듬감과 긴장감 등을 작업하는 동안 고려하지 않는다면 어떤 장면은 늘어지고 어떤 장면은 아쉬운 화면이 되기 쉽다. 숲을 바라보지 못하고 나무만 보게 된다면 명장면은 있을지언정 좋은 영화가 되기는 어렵다.

대답을. 그럼 편집기는 무엇일까? PC의 하드웨어가 급속도로 발전함에 따라 이 책을 쓰고 있는 2001년을 기준으로 집에서도 충분히 자신의 컴퓨터로 편집을 할 수 있을 만큼 시스템이 개발되어 있다. 불과 몇 년 전만 하더라도 영화 편집을 하기 위해서는 고가의 장비와 특별한 시스템 안에서 작업해야 했었는데 이젠 그럴 필요가 없어졌다. 물론 상업 영화의 경우 여전히 그런 장비들로 작업을 하지만 우리가 지금 만들고 있는 영화는 PC에서도 충분히 작업할 수 있다. 물론 그렇게 하기 위해서는 감독 스스로가 편집기를 다루는 방법부터 편집의 문법까지 모두 다 공부해야 하는 것이 필수 조건이다. 물론 예산이 넉넉하다면 완성도를 위해 가장 좋은 방법인 기존의 편집실을 이용하는 방법도 있다. 우리가 아무리 책을 열심히 읽어서 그 기술을 다 안다고 해도 편집을 직업으로 하는 사람들의 경험과 노하우는 따라잡을 수 없다. 기존의 편집실을 이용하는 것은 아주 간단하다. 비디오 편집실이건 필름 편집실이건 일단 찾아서 전화를 하고 찾아가면 된다. 편집 기사와 감독은 영화의 분위기나 방향을 정하고 전체적인 아웃트라인을 잡는다. 편집에 대한 테크닉이랄지, 기계적인 지식은 편집 기사가 다 책임져주고 심지어 완성도까지 보장해준다. 이 얼마나 놀라운 방법인가! 하지만 그렇게 돈이 많을 리가 만무한 데다가 스스로 할 수 있다는 자신감으로 충만한 우리들에겐 사실 돈이 드는 것만으로 본다면 편집실을 이용하는 것보다 시스템을 구축하는 것이 더 많이 들지만, 한번 설치하면 자기 것이 되는

데다가 새로운 사양으로 업그레이드만 해준다면 언제나 최신 버전의, 남의 눈치를 보지 않고 자기 마음대로 사용할 수 있는 개인 편집실을 갖게 되는 것이기에 또 나름대로 의미가 있다. 영화감독이라면 편집은 스스로 할 수 있어야 프리프로덕션을 준비할 때부터 편집을 고려해서 작업을 할 수 있고 그러기 위해서는 최소한 편집 시스템이 무엇인지는 알아야 한다. 프리미어, 아비드 같은 이름의 편집 장비들을 들어봤다면 그것은 동영상 편집 프로그램이란 것을 알아야 한다. 많은 사람들이 착각하는 부분 중에 저런 이름을 가진 프로그램들이 무슨 기계인 줄 아는 건데 그건 절대 아니다. 그런 것들은 단지 컴퓨터에서 돌아가는 프로그램일 뿐이다. 그렇기 때문에 좋은 편집기란 결국 편집 프로그램들이 원활하게 작동하기 위해서 좋은 사양의 컴퓨터와 편집에 필요한 보조 장치들이 많이 설치되어 있는 컴퓨터를 의미한다. 이런 방식은 개인이 오랫동안 편집을 해야 하는 다큐멘터리를 만드는 사람들에게 특히 더 유리한데 초기 투자비가 많이 드는 것이 단점이지만 설치가 완성되면 작업하는 동안 논리니어 장비가 가지고 있는 장점들을 최대한으로 살릴 수 있는 최강의 시스템이 된다.

전문적인 편집실을 이용하는 것이 아니라 만약 편집기를 만들거나 임대 편집기를 직접 다루기로 결심했다면 제일 먼저 해야 할 일은 당장 서점에 가서 동영상 논리니어 편집 프로그램에 대한 설명서——매뉴얼을 사는 것이다. 프리미어Premiere나, 파이널 컷 프로Final cut pro 같은 편집 프로그

**디지털 편집을 위한 장비와 조건 그리고 최적의 컴퓨터 구성**

• 디지털 편집에 사용할 수 있는 일정 조건의 컴퓨터.
• 동영상을 컴퓨터에 입력하고 편집이 완료된 영상을 VCR로 출력할 수 있는 편집 보드.
• 컴퓨터 운영 체제(win 98/95/NT)와 동영상 편집 프로그램.
• 캠코더 또는 VCR.

램에 대한 매뉴얼은 기본적으로 설치에서 조작, 편집 방법까지 상세하게 설명되어 있다. 디지털 카메라를 다루기 위해서 디지털 카메라의 매뉴얼을 마스터해야 하는 것처럼 디지털 편집기 —논리니어 편집기 또한 전자 제품이기 때문에 매뉴얼만 있으면 누구든지 다룰 수 있다. 편집을 하기 전에 매뉴얼을 외우다시피 공부를 하고 자신의 영화가 아닌 다른 영상으로 많은 연습을 해야 자기 영화를 편집할 때 고생하지 않고 무사히 작업을 끝낼 수 있다. 머리가 나쁘면 손발이 고생하듯, 편집기를 능숙하게 다룰 수 있다면 영화의 완성도가 높아지는 것은 당연한 이치다. 편집, 녹음, 현상 등등 각 과정의 독립된 작업실에서 이루어지는 필름 제작

| | 최소 | 권장 |
|---|---|---|
| | **개인용 편집기를 만들 수 있는 컴퓨터의 사양** | |
| CPU | 펜티엄 133Mhz | 펜티엄2 350Mhz 이상 |
| RAM | 64M | 128M 이상 |
| HDD | 2.1G | 5G 이상 Ultra DMA를 지원하는 대용량 하드 이상 |
| 그래픽 카드 | PCI용 카드 (2~4M 비디오 램) | 용도에 따라 SCSI 타이프의 하드 사용 AGP용 카드(16M의 비디오 램) 빠른 렌더링을 위해 3D 가속 보드 장착 |
| 사운드카드 | Soundblaster 16 | Soundblaster AWE32 권장 |
| 모니터 | 15인치 800*640 | 17인치 1280*1024 이상 |

1. **CPU:** 높은 사양일수록 좋다. 최저 사양은 펜티엄 120Mhz 이상이어야 하며 일반적으로는 펜티엄3 450Mhz 정도면 적당하고 가격 대비 성능 면에서 가장 무난하다. 펜티엄3 500Mhz 듀얼 CPU를 사용하면 최상의 효과를 얻을 수 있다.

방식의 영화와 달리 디지털로 영화를 만드는 경우 후반 작업은 편집 프로그램 속, 컴퓨터 안에서 거의 모든 것이 이루어진다. 그렇기 때문에 편집 프로그램을 얼마만큼 잘 다루는지에 따라 후반 작업 시간이 오래 걸릴 수도 있고, 영화가 매끄럽게 나올 수도 있는 것이다.

### 리니어, 논리니어 편집 시스템

일반적으로 영화를 편집하는 하드웨어적인 방법 즉, 편집 시스템은 크게 두 가지로 나뉜다. 바로 리니어 시스템linear system과 논리니어 시스템non-linear system인데 간단하게 정의하면 리니어 시스템은 앞에서부터 차례차례로 컷을 붙

---

**2. RAM:** 많으면 많을수록 유리하다. 최소 32M 이상이어야 하며, 일반적으론 128M, 동영상 외에도 포토샵을 비롯한 그래픽 프로그램을 많이 사용하면 256M 이상 필요하다.

**3. HDD:** Frame drop 현상이 발생하지 않고 지속적인 data rate 전송을 유지할 수 있는 것이 가장 중요하다. 최근 일반적으로 사용되는 40G byte정도면 무난. 편집용 하드와 컴퓨터 시스템 하드는 분리하는 것이 좋다.

**4. 메인 보드:** 메인 보드는 가격에 연연하지 말고 지명도가 있는 제품을 사용하는 것이 좋으며 각 부품들과 호환이 되는지 꼭 확인해야 한다.

**5. VGA:** 펜티엄2 이상에서는 VGA용 AGP 슬롯이 있으므로 VGA 카드도 AGP용 카드를 사용하기 바란다. AGP용 그래픽 카드를 사용할 때 overlay 여부를 확인해야 하며 overlay를 지원할 경우 편집 작업이나 출력 시에도 별도의 A/V 모니터 없이도 작업이 가능하므로 필수적으로 overlay 카드를 구입해야 한다. 비디오 메모리는 모니터 화면 해상도 크기를 결정하는 요소이므로 최소한 4M 이상이어야 한다.

**6. 모니터:** 최소 15인치 이상 1024*768을 지원하는 모니터는 모두 가능하지만 프리미어나 포토샵과 같은 프로그램을 적절하게 사용하기 위해서는 1280*1024로 작업하는 것이 효과적이므로, 가급적이면 17인치 이상을 사용하는 것이 좋다.

**동영상 파일의 종류**

**1. AVI**: 마이크로소프트사의 동영상 포맷으로 윈도의 표준 동영상 파일로 자리잡고 있다. 압축률이 높지 않아 파일 크기가 크나 제작 시 다양한 압축 코덱을 사용하여 다소 파일의 크기를 줄일 수 있다. 하지만 압축률을 크게 하면 화질이 떨어지는 단점이 있다.

**2. MOV**: 매킨토시에서 표준으로 사용되는 동영상 파일로서 PC에서도 퀵 타임 포 윈도나 액티브 무비를 설치하면 플레이가 가능하다.

**3. FLI, FLC**: 3D Studio 또는 Animator Pro로 만든 동영상 파일로서 일반적인 동영상 파일과는 달리 오디오 트랙이 없기 때문에 소리는 포함되지 않는다.

**4. ASF(Active Streaming Format)**: ASF는 MS사가 내놓은 액티브 무비의 새로운 규격으로 네트워크 상에서 실시간으로 멀티미디어 서비스를 받는 데 최적화되어 있으며 Window Media Player 6.4버전 이상이 설치되어 있으면 재생할 수 있다.

**5. MPEG(Video CD, DAT)**: Moving Picture Experts Group의 약자로 국제 표준 동영상 파일로 PC에선

이는 편집 시스템이고 논리니어 시스템은 꼭 순서대로 작업하지 않아도 되는 편집 시스템이다. 얼마 전까지만 해도 편집이라 함은 리니어 시스템을 의미했기 때문에 고품질의 작업을 하기 위해서는 고가의 장비가 필요하며 편집 작업 자체를 감독이 할 수 없었고 오퍼레이터가 필요했다. 요즘도 개인이 하려고만 한다면 할 수 있지만 너무나 많은 단점들이 노출되어서 이젠 개인용으론 그다지 좋지 않다. 리니어 시스템의 원리는 간단하다. 재생용 VCR에 촬영 테이프를, 녹화용 VCR에 녹화 테이프를 넣고 콘티 순서대로 녹화를 하면 된다. 작업 자체가 수동적이고 시시한 것처럼 들리겠지만 아직도 방송국이나 대부분의 비디오 편집실은 이 시스템으로 돌아간다. 대신 그런 곳은 최고의 기계들을 사용하고 수없이 많은 보조 장치를 달아서 편집 작업 자체가 완벽해진 것이다. 하지만 요즘은 논리니어 시스템 방식의 편집 프로그램을 개인용 컴퓨터에 깔기만 하면 간단한 장치를 붙이는 것만으로도 편집이 가능하기 때문에 오히려 쉬워졌고 또한 그 완성도도 기존에 비해 확실히 좋아졌다. 물론 개인용이 아닌 전문적인 논리니어 편집 장비들도 있는데 기계 가격만 따져도 엄청나다. 후반 작업은 그 내용적인 부분뿐만 아니라 기계를 이용해서 하는 작업들이기에 기계적인 지식까지 필요하게 된다. 하지만 이런 지식까지 모두 다 완벽하게 아는 것은 불가능에 가깝다. 우리는 영화를 만들려고 하는 것이지 편집기가 어떻게 구성되어 어떤 원리로 만들어지는지를 알려고 하는 것은 아니다. 물론 편집 기사가 되고

싶다면 알아야겠지만. 우리가 작업하기에 편리한 논리니어 편집은 몇 가지 장점을 가지고 있는데 ① 작업 속도가 빠르고 원하는 대로 정확한 편집을 할 수 있고 ② 여러 가지 효과를 실시간으로 작업하고 확인할 수 있으며 ③ 편집기 안에서 음향 편집이 가능하기 때문에 작업 자체가 쉽다. 하지만 뭐니 뭐니 해도 논리니어 편집의 가장 큰 장점은 이렇게 저렇게 여러 가지 버전으로 영화를 만들어볼 수 있다는 점에 있다. 리니어 편집의 경우는 그것이 불가능한데 마음에 드는 한 가지가 없다면 여러 가지 방법으로 신을 만들어본 후 자신이 가장 맘에 드는 것을 선택, 최종적으로 출력하면 된다.

MPG라는 확장자를 가진다. MPG는 일반적인 동영상 파일을 고압축하여 획기적으로 파일의 크기를 줄여 놓은 것으로 화질 면에서도 뛰어나며, CD 한 장에 320*240 픽셀 크기로 70분 정도의 재생 용량을 담을 수 있어 비디오 CD에 많이 사용된다.

## 🎬 논리니어 편집 프로그램 '프리미어' 편집 설정

**프리미어**: Adobe사 제작, 동영상을 avi, mov 등의 컴퓨터 파일로 만들어 편집하여 다시 동영상으로 출력하는 영상 편집 프로그램, 현재 primiere 6.0까지 나와 있음.

**1. 프로그램을 실행시키면 new project setting 창이 열리고 다음과 같이 설정한다.**

1) General setting

    Edit mode: video for window/quick time

        자신의 컴퓨터가 윈도 시스템이면 video for window를, 매킨토시인 경우 quick time을 지정.

    Timebase: 일반적으로 29.97로 세팅.

        소스 파일이 트랙 위에 올려질 때 timeruler의 시간 단위, 동영상 소스의 frame rate와 video setting, timebase의 frame rate를 모두 일치시켜야 한다.

    Time display: 일반적으로 30fps drop-frame timecode로 세팅.

2) Video settings

    Compressor: 대부분 기본 값을 사용하되 자신의 편집 카드에 맞는 것을 선택.

    Frame size: 일반적인 DV의 경우 720*480으로 세팅.

    Frame rate: 일반적으로 29.97로 세팅.

3) Audio settings

    기본 값을 사용하되 사용하는 DV 캠코더에 따라 32Khz로 설정할 수도 있음.

4) Keyframe and rendering options

    Field setting만 DV의 경우 lower field first, 나머지는 기본 값 사용.

5) Capture settings

    IBM PC용 Video for Windows를 선택 / Macintosh일 경우 QuickTime 선택


**2. 설정이 끝나고 OK를 누르면 기본 화면으로 들어간다.**


**3. 기본 화면의 구성**

1) Timeline 윈도: 동영상과 그림, 사운드 파일, Transition들을 프레임 또는 시간 단위로 배치하여 편집할 수 있도록 구성된 작업 공간. Project에 있는 파일들을 마우스로 끌어서 임의의 공간에 배치할 수 있다.

    ※ Timeline의 트랙을 늘릴 때는 창의 오른쪽 끝에 있는 삼각형을 선택하여 나오는 메뉴 중 track option을 클릭하여 추가하면 된다.

    아래의 각 창들의 option도 오른쪽 끝 삼각형을 선택하여 변경할 수 있다.

2) Project 윈도: Import시켜 불러들인 미디어 파일들이 배치되는 공간으로 마우스 오른쪽 버튼을 누르면 나오는 project option 창에서 미디어 파일의 정보 내역을 변경할 수 있다.

3) Transition 팔레트: 두 개의 미디어가 겹쳐지는 공간에 트랜지션 아이콘을 끌어다가 배치시킴으로써 다양한 장면 전환 효과를 적용할 수 있다. 각각의 트랜지션 아이콘을 더블 클릭해보면 어떤 효과가 적용되는지 쉽게 알 수 있다.

4) Monitor 윈도: source 창에서는 import시킨 동화상을 보여준다. 일반적인 동영상 플레이어의 역할을 하며 mark in( )과 mark out( )을 잡고 마우스로 source 모니터 창을 클릭한 다음 Timeline으로 drag & drop 하여 간단하게 클립을 추출하고 편집 등을 할 수 있다. Target 창에서는 타임라인 윈도에서 편집되는 동화상을 보여준다. 만약 Source 창에서는 아무런 문제가 없는 동화상이 Target 창에서는 문제가 된다면 이는 new project settings의 설정에 문제가 있을 수 있다.

5) Info 팔레트: 현재 타임라인에 올려져 있는 선택된 무비 클립의 정보 내역을 확인할 수 있다. 무비와 사운드의 정보와 현재 커서의 위치 등도 빠르게 파악할 수 있다.

**4. 소스 화면의 캡처를 받는다.**

1) 상단의 file 메뉴에서 capture 메뉴를 클릭하면 네 가지 capture 모드가 뜬다.
   - Batch capture: 원하는 부분만 골라서 리스트를 만든 후 캡처를 받음
   - Movie capture: 캡처 윈도가 뜨면서 컴퓨터와 연결되어 있는 비디오의 화면이 보여지고 캡처를 받을 수 있는 상태가 된다.
   - Stop motion capture: 스톱 모션 캡처

2) 캡처가 끝나면 file 메뉴에서 save를 해두고, 클립을 project 윈도에 옮긴다.

**5. Timeline window에 있는 도구들을 사용하여 편집하고, 자막, 모션 효과, 스피드 조절, 필터 효과, Transparency 등을 작업하여 동영상을 완성시킨다.**

**6. 출력하기**

1) 출력export: file 메뉴의 export 항목 중 movie를 선택하면 편집된 내용이 하나의 클립 파일로 변환되어 출력된다. 기본적으로 capture 세팅과 같지만 작업 조건에 다르게 조절할 수도 있다.

2) 테이프로 출력print to tape: file 메뉴의 export 항목 중 print to tape을 선택하면 편집된 내용이 테이프에 바로 출력된다.

**frame rate**

24fps(frame per sec)
영화 필름.
25fps
PAL, SECAM 식의 방송
시스템(유럽).
29.97fps
NTSC 방식의 방송 시스
템(우리나라, 미국).
30fps
일반적인 비디오 포맷.

## 교과서에 나온 규칙들

편집은 말만 놓고 본다면 두 개의 컷을 이어 붙이는 것에 불과하다. 하지만 잘못 이어 붙이면 두 개의 다른 화면이 서로 조화를 이루지 못해 어색하게 보이게 된다. 영화 역사 100년 사이에 이런 거슬림을 방지하기 위해서 사람들은 경험에 의한 규칙을 정해두었고 그 규칙대로라면 어색함은 없어진다는 것을 알았다. 만약 우리가 A컷에서 B컷으로 편집을 하고 싶다면 그렇게 바꾸려고 하는 이유가 있어야 한다. 화면의 사이즈가 변하는 것일 수도 있고, 카메라의 위치가 변할 수도 있으며, 화면 속의 인물이 움직인다든지, 아니면 영화 속의 소리에 의해서일 수도 있다. 아무런 변화가 없는 장면을 다른 화면으로 편집한다면 그건 다른 의도가 있음을 관객에게 암시하는 것이 된다. 중요한 것은 편집을 하더라도 내용은 연속적으로 이어져야 한다는 것이다. 신이 다르면 모를까, 같은 신 안에서 내용의 연속성이 없다면 관객들은 다른 이야기가 전개된다고 생각하기 때문이다. 가장 좋은 편집은 관객들이 편집을 했다는 느낌을 안 받는 것이다. 후반 작업의 가장 훌륭한 교과서는 무엇일까? 바로 우리가 언제든지 볼 수 있는 영화들, 비디오 가게에 진열되어 있는 수없이 많은 걸작 영화들이다. 물론 모방을 하자는 이야기는 아니지만, 어떻게 편집을 하고 어떻게 사운드를 처리했는지 완벽하고 세심한 가르침을 주는 데 가장 효과적이다.

## 편집의 도구

뭔가 대단하게 할 수 있는 것이 많을 것만 같았던 편집에서 실상 우리가 쓸 수 있는 편집 도구는 세 가지뿐이다. ① 화면과 화면을 붙이는 컷cut, ② 화면의 시작과 끝을 암시하는 페이드인과 페이드아웃, 그리고 ③ 두 개의 화면이 서로 겹쳐서 전환되는 디졸브dissolve인데 먼저 컷은 우리에게 너무나도 익숙해져 있는 방법이며 가장 기본적이고 중요한 편집의 방법이다. 두 개의 화면을 어떻게 붙이느냐에 따라 수없이 많은 의미들을 창출해내기도 하고 수없이 많은 이론들을 만들어내기도 했다. 하지만 기본적인 원리만 이해하고 있으면 꼭 유명한 이론들을 따를 필요는 없다. 계속해서 말하지만 영화의 장점은? 새로운 것에 대해 개방적이라는 것이다. 컷이 결정되는 것은 콘티뉴이티지만 그 길이와 컷의 포인트를 잡는 것은 편집 과정에서인데 감정의 흐름과 다음 컷과 잘 어울리는지 고려해서 정해야 한다. 관객들은 너무나도 많은 영화들에 익숙해져 있기 때문에 컷이 변하는 것을 인식하지 못한다. 고의적으로 컷을 튀게 만드는 점프컷jump cut은 이런 컷의 속성을 뒤집은 것이다. 페이드fade는 시작과 끝을 정확하게 전달하기 때문에 쓸 수 있는 범위가 한정되어 있지만 그 효과는 언제나 기대를 충족시킨다. 일반적으로 익숙한 검은 화면으로 어둡게 되거나 검은 화면에서 밝아지는데 의도적으로 바탕을 흰색으로 쓰기도 하는 페이드는 부드럽게 영화가 시작되기 위해서는 페이드인을, 부드럽게 이야기를 마무리짓고 싶다면 페이드아웃을 하며 꼭 영화의 시작과 끝이 아니더라도 영화 중간에 한 이야기가 마무리가 되거나 시간의 경과랄지, 장소의 변화를 표현할 때 페이드인, 아웃을 쓸 수도 있다. 디졸브는 가장 노골적으로 편집했다는 것을 드러내는 것이다. 두 개의 화면이 서로 교차되는 모습이 시각적으로 확인되는 형태의 편집 기법으로 페이드인, 아웃과 마찬가지로 영화적으로 시간이 많이 지났거나 또는 천천히 흐르고 있거나 아님 공간이 전환되었다든지 할 때 사용되는데 차이점이라면 앞뒤 컷이 서로 단절된 느낌이 덜하게 느껴지는 것이다. 심지어 이어지는 두 컷의 이미지가 너무 강해 컷으로 붙이면 너무 튀기 때문에 서로를 부드럽게 중화시키며 컷을 넘기기 위해서 사용하기도 한다.

### 편집 포인트

편집을 할 때 어디에서 자르고 어떻게 붙이는가를 결정하는 것은 그 자체가 영화가 만들어지는 것이기에 어려울 수밖에 없는데 편집 포인트를 어떻게 잡느냐에 따라 영화의 느낌은 달라진다. 일반적으로 컷의 길이가 짧다면 즉, 한 컷의 시간이 짧을수록 화면이 빨리빨리 변하게 됨으로써 영화가 화려하면서 역동적으로 보인다. 매 컷에 대해 생각할 겨를이 없게 만드는 이런 방식은 액션 영화를 보면 명확하게 확인할 수 있다. 반대로 컷의 시간이 길다면? 드라마는 보통 컷의 길이를 길게 가는데 관객들로 하여금 귀를 기울이게 하는 방법이기 때문이다. 길이뿐만 아니라 내용의 변화나 장소의 변화에 따라 편집을 해야 하고 어떤 지점에서 컷을 편집하는 것이 부드럽고 눈에 거슬리지 않는지를 결정해야 한다. 촬영할 때 편집을 고려해서 찍어야 하는데 이는 편집 포인트까지 머릿속에 두고 한 장면의 시작과 끝을 정해야 하기 때문이다. 감독 마음대로 편집 포인트를 잡을 수 있지만 영화 역사 100년 동안 수없이 많은 선배 감독들이 시행착오를 걸쳐서 편집 포인트에 대해 정리해놓은 몇 가지 규칙이 있다. ① 한 신 안에서 시간이나 내용이 달라지면 당연히 편집을 해야 하기 때문에 포인트를 잡아야 하며 ② 앞

컷과 페이드, 디졸브를 사용하여 컷 포인트를 잡을 때 잊지 말아야 할 것은 어디를 기준으로 할 것인가이다. 일반적으로 디졸브나 페이드 같은 효과는 원하는 컷 포인트에서부터 시작한다. 다시 말하면 컷의 경우 자신이 원하는 지점의 프레임을 포인트로 잡으면 되지만 페이드나 디졸브의 경우 컷을 사용해서 포인트를 잡았다고 가정하고 그 지점에서부터 몇 초 동안 할 것인가를 정한 다음 그만큼의 여분을 가지고 있어야 한다. 그렇기 때문에 테이프에서 편집기로 임포트import할 때 원하는 장면의 앞뒤를 넉넉하게 저장해야 한다.

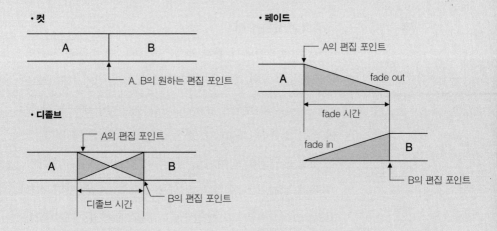

컷이 다음 컷을 불러오는 동기가 될 때에도 사용한다. 예를 들면 초인종 소리가 나는 컷의 다음 컷은 문을 열고 들어오거나 이야기 도중 눈동자가 움직이면 다음 컷은 왜 눈동자가 움직였는지를 보여줄 수 있다. ③ 화면의 구도나 사이즈가 달라지는 것도 편집 포인트를 잡는 중요한 요소이다. 또한 ④ 소리는 편집 포인트를 잡는 데 다양함을 제공해주는데 화면 속에서 소리의 변화에 따라 컷을 바꾸는 것은 흐름상 매끄럽게 편집이 되는 좋은 방법이다. 이런 모든 규칙은 사실 하나의 규칙으로 모아지는데 .바로 편집 포인트는 컷이 바뀌는 이유가 있어야 한다는 것이다. 합당한 이유 없이 컷이 바뀌면 영화는 산만해진다. 그런 효과를 노리는 것이 아니라면 피하는 것이 좋다. 편집을 했는데 어떤 것이 좋은 화면인지 알 수 없다면? 다양한 방법으로 해봐라, 그리고 그중 자신이 냉정하게 보기에 가장 좋은 것이 좋은 편집 포인트를 잡은 편집이다.

### 편집 과정의 순서

프리프로덕션에서 촬영 계획표를 만들 때 비용과 장소의 이동을 고려해서 촬영을 결정할 뿐 실제 우리가 보는 영화처럼 순서대로 찍지는 않는다. 편집 과정에서 제일 먼저 해야 하는 것은 NG와 OK 컷을 골라낸 후에 뒤죽박죽 찍혀 있는 컷들을 영화의 순서대로 배열하는 것이다. 이 작업을 하기 위해 편집기 앞에 앉을 땐 옆에 콘티뉴이티와 촬영 스크립트, 그리고 어떤 컷을 선택했고 어떻게 배치했는지를 적을 수 있는 편집 스크립트 페이퍼를 가지고 있어야 한다. 순서 편집은 컷마다 OK 컷을 골라내는 것으로부터 시작한다. 완벽하게 NG였던 컷은 버리고 명백하게 NG가 아닌 장면들—keep을 했던 장면들도 편집 포인트가 잘 어울리는 것을 찾기 위해 같이 모아둔다. 하지만 나중에 완성된 영화 속엔 단 한 장면만 들어간다는 것을 잊어서는 안 된다. 순서 편집을 할 땐 필요한 부분만 잘라내는 것이 아니라 그 컷의 시작부터 끝까지 모두 다 붙여놓는데 이 또한 다양하게 편집 포인트를 잡기 위함이다. 순서 편집이 끝나면 본 편집을 하는데 부분부분 하는 것보다는 처음부터 끝까지 반복해서 하는 것을 기본으로 1차, 2차, 3차 편집을 해야 전체적인 흐름을 놓치지 않고 편집을 할 수 있다. 보통 1차 편집은 러프하게 전체 시간을 고려하며 내용의 흐름을 중심으로 하고, 2차 편집에서는 각각의 컷 포인트에 세세한 기술적인 효과들을 사용하는 방식으로 진행하며, 3차 편집에서는 극장에서 영화를 보듯 처음부터 끝까지 쭉 보면서 눈에 거슬리거나 조금 부족해 보이는 부분을 손보는 정도로 진행하지만 이런 방식을 꼭 따를 필요는 없다. 자신이 편한 자신만의 스타일대로 해도 아무도 뭐라 하지 않으니까. 사운드 편집은 영상 편집과 보통 동시에 진행되는데 싱크를 맞춘 사운드를 듣기 좋은 상태로 볼륨을 조절하고 같은 공간에 통일감을 주기 위해 배경음ambience을 깔고, 효과와 음악을 제 위치에 배치하면 된다. 이렇게 본 편집이 끝나면 어느 정도 완성된 형태의 영화가 내 눈앞에 놓이게 된다.

앰비언스 Ambience는 사전적으로 '환경, 분위기'를 뜻하지만 음향에서는 '음에 감싸이는 듯한 느낌'을 의미한다. 주로 공간감과 실제 존재감을 주는 역할을 하는데 잔광이 많으면 앰비언스가 좋아진다.

## 2. 사운드

최근에 만들어지는 영화에서 사운드sound는 단순히 배우들의 대사를 정확하게 들려주는 것만을 목적으로 하지는 않는다. 소리는 단순히 보이는 것에 맞춰 들리는 것만 존재하는 것이 아니다. 보이지 않는 곳에서 들리는 소리는 우리의 상상력을 바탕으로 생명을 얻으며 그 소리의 존재를 의미하기 때문에 시각적으로 우세할 수밖에 없는 영화에서도 무시할 수 없다. 우리는 인식하지 못하지만 세상의 모든 것들엔 소리가 존재한다. 심지어 빈 공간에도 들리지 않을 뿐 소리는 존재하고 그것이 아무 소리도 들리지 않는 화면을 실제 공간으로 만들어주는 가장 큰 원인이 된다. 문제는 우리들도 그렇지만 대부분의 감독들이 소리에 대해 그다지 민감하게 생각하고 있지 않다는 것인데 보이는 화면보다 상상하는 소리가 더욱더 많은 것을 내포하고 있는 것을 잊어서는 안 된다. 사운드는 영화 속에서 크게 세 가지로 사용되는데 대사, 효과 그리고 음악이다. ① 대사는 배우들의 연기와 함께 촬영 단계에서 녹음되지만 잘 들리지 않거나 더욱더 효과적인 사용을 위해 후반 작업 과정에서 새롭게 녹음을 할 수 있다. ② 대사를 제외한 모든 소리는 효과라고 부르는데 이 또한 현장에서 대부분 동시에 녹음되지만 가끔 실제 소리보다 만든 소리가 더 사실적이고 효과적일 수 있기 때문에 특별히 만들어 쓰기도 하는데 음파와 주파수의 혼합으로 상상 속의 소리를 만들어내기도 한다. ③ 영화의 극적인 느낌을 증폭시키거나 감정을 풍부하게 만드는 음악은 잘 쓰면 오히려 대사보다 더욱더 효과적일 수 있다.

영화를 연출할 때 사운드를 잘 알면 아는 만큼 이익이 된다고 계속 이야기했는데 그 진가는 편집 —사운드 편집에서 드러난다. 소리를 알면 똑같은 두 컷을 가지고도 포인트와 리듬감을 살리면서 편집을 할 수 있는 방법이 더 많이 생기기 때문이다. 사운드 편집이라고? 화면을 편집하면 소리는 자동적으로 되는 것이 아닌가? 하고 생각한다면 당신, 당장에 아무 비디오나 하나 틀어서 보라. 얼마나 복잡하고 다양한 소리들이 한 화면 속에 담겨 있는지를 확인하고 나서도 그런 소리를 할 수 있을까? 영화의 한 장면을 자세히 보면 그 안에는 대사뿐만 아니라 컷이 바뀌더라도 관객들의 눈에 거슬리지 않고 화면의 일관성을 주기 위해 화면 속에 넣어주는 배경음ambience, 실제적인 소리보다 더욱 강렬한 느낌을 주기 위해 넣는 효과음, 그리고 영화 음악 등등 다양하고 많은 소리들로 가득 차 있다. 이런 소리들은 보통 촬영 당시에 녹음되기보다는 후반 작업에서 첨가되는 경우가 일반적인데 이런 소리들을 만들고 편집하는 것을 통틀어서 사운드 편집이라고 한다.

## 싱크, 사운드 편집

디지털의 경우, 촬영 테이프에 소리까지 같이 녹음되기 때문에 싱크sync의 개념이 잘 안 다가오겠지만 좋은 소리를 녹음하기 위해 외부 녹음기를 사용했다면 화면과 소리를 서로

**효과적인 사운드 편집 포인트를 잡는 법**

아무래도 화면이 중심이 될 수밖에 없는 편집을 하다 보면 화면상으론 전혀 이상하지 않은데 소리와 함께 들어보면 이상한 경우가 종종 생긴다. 어색하게 보이지만 않으면 괜찮은 화면과는 달리 감정이 들어 있는 소리는 한꺼번에 순서대로 찍어도 여러 번 반복해서 연기하기 때문에 그 중 하나를 선택하는 컷은 모두 다르고, 심지어 다른 날, 다른 장소에서 찍는 경우 화면에 같이 찍혀 있는 소음이나 대사의 호흡 그리고 간격이 맘에 맞게 딱 촬영되긴 어렵다. 이런 경우 다음과 같은 사운드 편집으로 어느 정도 보완할 수 있다. 가장 좋은 방법은 어색한 장면에 아래와 같은 여러 가지 방법을 다 실행해서 귀로 확인한 후 가장 자연스럽고 잘 들리는 방법을 선택하면 된다.

| 화면 A | B 화면 |
|--------|--------|
| 소리 A | B 소리 |

① 가장 일반적인 방법으로 화면의 길이와 소리를 일치시키며 편집하는 방법이다. 대부분은 이 방법으로 편집을 하지만 문제가 발생할 확률도 그만큼 높다.

| 화면 A | B 화면 |
|--------|--------|
| 소리 A | B 소리 |

② 화면 A의 소리가 화면 B의 도입부에서 페이드아웃되는 방법이다. 화면 A의 소리 여운이 남거나 의도적으로 화면 B로 화면 A의 소리를 넘겨 연관성을 가지게 할 때 사용한다. 주로 같은 공간에서 대사를 주고받는 리듬을 탄력적으로 만들 때 사용한다.

| 화면 A | B 화면 |
|--------|--------|
| 소리 A | B 소리 |

③ 화면 B의 소리를 화면 A의 끝에 미리 페이드인해서 나오게 하는 방법이다. ② 방법과 마찬가지 용도로 사용된다.

| 화면 A | B 화면 |
|--------|--------|
| 소리 A | B 소리 |

④ 화면 A와 화면 B의 소리를 화면을 디졸브하듯 중첩시키는 방법이다. 이 방법은 주로 신이 바뀔 때처럼 영화 속 공간이 바뀌거나 이야기가 완전히 바뀔 때 사용하며 하나의 이야기가 정리되고 새로운 이야기가 시작되는 부드러운 느낌이 난다.

맞추는 싱크가 사운드 편집의 첫번째 단계가 된다. 디지털로 찍더라도 슬레이트를 치는 이유는 바로 여기에 있는데 슬레이트가 딱 일치하는 순간의 프레임과 서로 부딪치는 소리의 프레임을 맞추면 배우의 동작과 입에 소리는 정확하게 일치하게 된다. 순서 편집 전에 OK 컷들만 싱크를 맞춘 후 순서 편집을 하면 어느 정도 완성된 영화를 볼 수 있게 된다. 본 편집과 함께 진행되는 사운드 편집은 단순히 자르고 붙이는 데에만 쓰이는 것은 아니다. 사운드 편집을 함으로써 다양하고 효과적인 편집이 가능해진다.

## 후시 녹음과 효과음 만들기

믿을지 모르겠지만 불과 10년 전만 해도 동시 녹음은 우리나라에선 거의 이루어지지 않았다. 대부분의 영화는 편집된 영화 화면을 보며 성우들이 더빙을 하는 방식으로 제작되었기 때문이다. 대사에서부터 문 여는 소리, 차 지나가는 소리 같은 것을 녹음 스튜디오에서 화면을 보며 만드는 것을 후시 녹음이라 했는데 사실 그 의미는 굉장히 광범위하기 때문에 꼭 그런 일만 하는 것은 아니다. 현대에는 소리 작업 자체가 굉장히 세분화되고 과학적으로 변했기 때문인데 영화 작업에서 의미하는 후시 녹음은 어렵고 전문적인 장비를 필요로 한다. 사운드 작업의 궁극적인 목표는 소리를 원음 또는 생각하는 소리에 가깝게 재현하는 것에 있고 그렇게 하기 위해서는 과학과 기술이 필요하며 많은 작업 시간이 필요하다. 고가의 장비라고 해서 버튼만 누르면 원하는 소리가 나오는 것은 아니다. 소리는 주파수로 되어 있기 때문에 원하는 소리를 만들기 위해서는 소리의 주파수를 컨트롤하는 장비를 가지고 하나하나 조절해야 하는데 하나의 대사나 효과음을 조절하기 위해 하루이틀쯤은 순식간에 지나간다.

우리처럼 디지털로 영화를 만드는 경우는 더더욱 후시 녹음이 어려운데 왜냐하면 인공적인 소리를 자연스럽게 들리게 하는 작업이기에 조금만 이상해도 굉장히 웃기기 때문이다. 정상적으로 고가의 장비들을 가지고 숙련된 엔지니어들과 함께 일을 하게 된다면 우리는 후시 녹음으로 모든 것을 할 수 있지만 그렇지 않은 지금의 우리들은 아무것도 할 수가 없다. 작은 현장 소리는 물론, 대사까지도 후시 녹음으로 커버할 수 있지만 디지털은 동시에 소리가 테이프에 녹음되기 때문에 작업하는 우리들에겐 그림의 떡일 수밖에 없다. 물론 녹음기를 이용해서 따로 사운드 트랙을 만들 수는 있지만 개인용 편집기에서 할 수 있는 수준의 녹음은 화면과 소리를 일치시키는 싱크 작업과 사운드를 잘라내고 붙이는 편집, 그리고 각 컷의 볼륨을 일정하게 조절하는 수준에 불과하며 그 이상이 된다 해도 숙련된 엔지니어가 아니면 컨트롤할 수 없는 영역이다. 하지만 그렇다고 손놓고 있어서는 안 된다. 최소한 우리가 할 수 있는 것은 해서 이용해야 한다. 가장 중요한 것은 공간의 통일감을 위해 녹음하는 소리가 들어가는 장면을 찍는 현장에서 동시에 모든 소리를 녹음을 하는 것이다. 가령 대사는 잘 들리게, 걸어간다면 발

자국 소리, 차가 지나간다면 차소리. 만약 화면에 보이지 않고 차가 지나가는 것을 표현하고 싶다면 실제로 차를 지나가게 만들어 그 소리를 녹음해두는 것이 제일 좋은 방법이다. 그렇게 할 수 없다면 일단 현장에서 차가 지나가는 소리를 따로 녹음을 해야 한다. 그렇게 녹음을 다 한 후에 편집기에 올려놓고 원하는 곳에 사운드 편집을 하는 것이 우리가 할 수 있는 가장 현실적이고 최선의 방법이다.

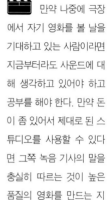 만약 나중에 극장에서 자기 영화를 볼 날을 기대하고 있는 사람이라면 지금부터라도 사운드에 대해 생각하고 있어야 하고 공부를 해야 한다. 만약 돈이 좀 있어서 제대로 된 스튜디오를 사용할 수 있다면 그쪽 녹음 기사의 말을 충실히 따르는 것이 높은 품질의 영화를 만드는 지름길임을 잊지 말도록.

그렇게 했음에도 불구하고 원하는 소리가 정확하게 안 나거나 원하는 느낌이 안 나는 경우가 발생한다. 또 실제적으로 들리는 소리보다 좀더 효과적으로 표현하기 위해서 의도적으로 소리를 왜곡시켜야 하는 경우도 있다. 이런 경우엔 소리를 만들거나 적당한 다른 소리들을 대신 써야 한다. 그러기 위해선 소리의 재료를 만들어놓는 것이 중요한데 재료만 있다면 대안을 마련할 수가 있기 때문이다. 효과음을 생각할 때 잊지 말아야 할 것도 역시 상상력과 통찰력이다. 문이 열리는 소리가 꼭 문이 열리면서 나는 소리여야 하는 것은 아니다. 더욱더 효과적으로, 더욱더 느낌이 사는 소리를 상상해내고 만들어내는 것이 감독이 가져야 할 자세인 것이다. 하지만 도저히 만들 수 없다면? 어쩌겠는가, 그냥 문 여는 소리를 좀더 실감나게 녹음하는 수밖에. 그럴 상황도 안 된다면? 할 수 없지, 영화는 완성해야 하니까, 비디오 가게에 가서 자신이 원하는 소리가 들어 있는 영화를 찾아 그 소리라도 카피해서 써라. 사실 이 방법은 아주 좋은 방법 중에 하나지만 아마추어일 때나 사람들이 봐줄 수 있지, 프로가

된 후에 이랬다간 저작권에 걸려 곤욕을 치르게 되니 절대로 해서는 안 된다. 보통의 경우 효과음으로 영화는 아주 많이 튼튼해지는데 화면과 화면 사이를 연결할 수도 있고 엉성한 화면을 채워줄 수도 있다. 소리를 이해하고 있는 연출자라면 단 하나의 효과음으로 영화의 10초를 단축할 수도 있고, 영상이 줄 수 없는 특별한 효과를 낼 수도 있다.

### 음악 OST(Original Sound Track)

영화를 만드는 데 있어서 음악은 절대적으로 중요하다. 영화가 망해도 음악은 살아남는 경우는 예를 들지 않더라도 모두 다 알 만큼 충분한데 아마도 그 이유는 영화 음악이 영화 속에 들어 있다 하더라도 독자적인 감정을 가지고 있어서일 것이다. 그렇기 때문에 영화 속에 들어가는 음악은 영화를 받쳐주기도 하고 대사 대신 감정을 전달해주기도 하며 영화를 풀어 나가는 길잡이가 되기도 한다. 원칙대로라면 오리지널 스코어original score라고 해서 영화가 기획되는 단계에서부터 음악을 같이 고민해야 하고 영화를 위해 음악을 만들어야 한다. 이렇게 작업을 해야만 음악을 포함한 영화 속의 모든 재료들이 원래 의도했던 방향으로 흘러갈 수 있기 때문이다. 친구들과 같이 작업하는 것이라면 음악에 재능이 있는 친구에게 영화 음악을 작곡해서 사용하는 것이 좋다. 음악을 작곡하는 경우에는 화면의 시간에 딱 맞춰서 원하는 위치에 배치할 수 있고 관객들에게 색다름을 제공한다. 하지만 그런 친구가 없다면? 교우 관계가 의심스럽지만 어찌 되었든, 기존에 있는 많은 음악들의 나름대로의 느낌을 영화 속에 감정 이입시키는 방법 — 컴필레이션compilation 으로도 할 수 있다. 물론 원칙대로 하는 것은 꽤 복잡하고 어려운 작업이다. 음악을 만들더라도 영화에 쓸 수 있게 녹음을 해야 하는데 음악을 녹음하는 것은 영화를 만드는 것만큼 힘들고 돈도 많이 들기 때문에 대부분 후자의 방법을 사용하게 된다.

어떤 방식으로 작업할 것인가는 감독이 결정하면 되지만 음악을 사용하는 데 있어서 꼭 지켜야 할 몇 가지가 있다. 영화를 위해 음악을 만드는 경우는 상대적으로 그럴 위험성이 적지만 우리처럼 기존의 곡을 사용하는 경우에는 절대적으로 지켜야 한다. 먼저 자신이 사용하고 싶은 곡을 찾았다면 꼭! 화면과 함께 틀어보고 원하는 느낌이 나는지 객관적으로 판단해야 한다. 기존에 있던 곡들은 독립적으로 완성되어 있기 때문에 음악이 아무리 좋아도 화면과 조화롭게 어울리지 못하면 오히려 화면을 죽이는 불상사가 일어난다. 훌륭한 연주, 좋은 음악이라 할지라도 화면과 어울리지 않는다면 과감하게 포기해야 하는데 영화에 사용될 음악을 고를 때에는 음악 위주가 아닌 화면 위주로 골라야 한다. 또 어떤 음악이든 쓰고 싶은 부분의 시작과 끝에 대해서 정확하게 정리해야 한다. 음악이 들어가야 하는 화면의 내용과 감정의 흐름, 부족한 것이 무엇인지를 파악하고 있어야 그에 맞는 음악을 선택할 수 있는데 이런 정리가 되어 있어야 10분짜리 곡에서라도 원하는 느낌의 1초를 쓸 수 있고,

단편 영화나 상업적인 목적이 없는 영화의 경우 저작권 협회나 사용하고 싶은 음악의 저작권을 가지고 있는 곳에 문의를 하면 간단한 절차를 거친 후에 무료로 사용할 수 있게 해주기 때문에 괜히 몰래 썼다가 나중에 봉변 당하지 않도록!

시작이 아닌 음악의 중간 부분을 사용할 수도 있게 된다. 마지막으로 기존의 음악을 무단으로 사용하는 것도 아마추어일 땐 가능하지만 프로가 될 때라면 피하거나 아님 저작권을 사야 함을 기억해야 한다.

## 3. 개봉 박두

결국!! 길고긴 작업이 드디어 끝났다. 편집을 하면서 쥐어뜯은 머리털 때문에 듬성듬성해져버린 머리를 모자로 감추고 도저히 봐줄 수 없이 엉망인 화면을 어쩔 수 없이 써야 하는 비극적인 상황 때문에 무참히 썩어버린 가슴을 부여잡으며 모니터를, 프로젝터를 그리고 스크린에 비춰지는 자신의 영화를 봐야만 하는 시간이 다가왔다. 여기까지 오는 동안 얼마나 힘들었는지, 수없이 많은 에피소드들이 기억나는가? 머릿속에 있는 것들을 옮겨 쓰는 것일 뿐인데 시나리오는 절대로 안 써지고 제작비를 모으기 위해 아르바이트를 하고 용돈을 아끼고 모았지만 항상 부족했으며 촬영장에선 왜 이렇게 사고들이 많이 터지는지. 수없이 찍었지만 원하는 장면은 절대 나오지 않고. 편집을 할 땐 또 어땠는가. 맘에 드는 장면이 없어서 어쩔 수 없이 써야 하는 NG 장면은 편집 내내 볼 때마다 눈에 거슬리고, 소리는 왜 또 안 들리는지, 1/2초만 더 잘라냈어야 하는 것이 아닐까? 아니 이 장면 다음엔 저 장면이 와야 했던 것은 아닌가? 음악하고 화면하고 이렇게 안 붙어서야. 다 만들어진 영화를 같이 작업한 스태프들과 함께 보는 자리에서 사람들은 감독인 나를 위로하지만 정말 좋아서일까? 아님 불쌍하니까 위로하는 것이 아닐까……? 나오는 건 한숨뿐이군. 이봐 당신! 쥐구멍에라도 숨고 싶은 심정이라고? 영화가 이렇게 엉성하고 형편없다니, 내가 할 수 있는 최선을 다했는데 왜 이렇게 만들어졌을까? 사람들에게 보여주기에 너무 민망하고 쑥스럽고 그냥 어디론가 사라지고 싶다고? 그 심정은 100퍼센트 이해하지만 절대로 그래서는 안 된다. 왜냐하면 영화는 관객을 만나 보여질 때 비로소 생명을 얻기 때문이다.

## 영화는 관객을 만나 보여질 때 생명을 얻는다

당신이 만든 영화가 전세계 영화계의 판도를 뒤집을 수 있을 만큼 훌륭한 작품일 가능성은 아주 적다. 굳이 수치로 따지자면 0.01% 정도? 아니 우리나라를 확 뒤집어엎어버릴 수 있을 만큼 멋진 영화일 가능성조차도 그렇게 높지 않다. 그리고 그 사실은 영화가 제작되는 과정에서, 또는 완성된 영화를 제일 먼저 보게 되는 당신이 가장 잘 알고 있다. 하지만 누군가에게 보이기가 창피하다고 해서 그 영화를 가슴속에 묻어버려서는 절대로 안 된다. 이 영화를 왜 만들었는지 생각해보라. 당신의 세계관과 하고 싶은 이야기를 영상으로, 이야기로써 전달하기 위해서 영화를 만든 것이 아니던가? 기술적으로 미숙하고 내용이 매끄럽지 않은 것은 절대로 창피한 것이 아니다. 그런 것은 많은 경험이 쌓이고 꾸준히 공부하면 채워진다. 영화를 완성한다는 것은 단지 한 편의 영화를 만드는 것만이 아니라 만들어진 영화를 사람들 앞에서 상영하고 사람들이 보여주는 반응 속에서 자신이 만든 영화에 대해 냉철하고 객관적으로 비판하는 것, 자기 자신의 성찰과 반성, 그리고 새롭게 만들 영화에 대한 계기와 의욕, 용기를 얻는 것까지 포함되는 것이다. 관객을 만나지 못하는 영화는 영화가 아니다. 다 만들었다면 작게는 가족들과 친구들을 모아놓고 상영을 해라. 워드 프로세서로 영화의 줄거리와 기획 의도를 써서 영화를 보기 전에 나눠주고 상영 후엔 영화를 본 사람들과 함께 영화에 대해서 이야기를 해라. 사람들이 하는 사소한 질문이라도 깊이 생각하고 대답해라. 자신이 의도한 바를 설명하고 그게 표현되지 못했다면 반성해라. 이렇게 함으로써 당신이 만든 영화는 스스로에게 흡수되어 자양분이 되고 다음 영화를 만들 때 100퍼센트 에너지로 발휘되는 것이다.

## 당신을 위해 준비된 수없이 많은 영화제

아니 이게 웬일인가? 수줍게 첫 상영회를 했던 당신 앞에 쏟아지는 가족과 친구들과 같이 일한 사람들의 찬사들. 너무 재미있다, 신선하다 등등. 작업 내내 당신을 괴롭혀왔던 영화의 엉성한 구성들과 NG가 명백한 화면들에 대해 아무도 언급하지 않고 오히려 전혀 예상하지 못했던 부분에서 포복졸도를 해가면서 웃거나 전혀 감동스럽지 않은 장면에서 진지해지는 관객들을 볼 때 너무나도 어이없지만 어찌 되었든 너무나도 좋았다는 평에 왠지 으쓱해지는 어깨는 맘대로 조절되지 않는다. 이 영화를 이렇게 한 번 상영하고 접는다는 건 말이 안 된다는 생각이 드는 것은 이쯤 되면 당연한 것이다. 그렇다면? 우리나라뿐만 아니라 전세계적으로 무수히 많은 단편 영화 또는 독립 영화가 관객을 만날 수 있는 영화제에 내가 만든 영화를 출품해보는 것이다.

영화제의 종류는 너무나도 다양하고 그 수도 많다. 필름이나 디지털 같은 사양에 따른 영화제도 있고 영화의 성격에 따라 단편, 다큐멘터리, 애니메이션, 실험 영화 등등이 따로따로 영화제가 열린다. 또한 나이에 따라 몇 살 이상, 이하에 따른 영화제, 학생 영화제도 있고 판타스틱이나 종교적인 이야기를 다뤄내는 영화제도 있다. 이렇게 다양한 영화제에 출품하기 위해서는 무엇보다도 자신의 영화가 영화제 성격에 잘 맞는지부터 따져봐야 한다. 성격이 안 맞는다면 아무리 영화가 좋더라도 좋은 결과를 기대할 수 없다. 대부분의 영화제는 인터넷 웹 사이트를 가지고 있기 때문에 영화제의 성격이나 규정들을 쉽게 찾아볼 수 있다. 무슨 영화제가 있는지도 모르겠다고? 외국의 인터넷 검색기에 들어가면 영화제 코너가 따로 모여 있다. 난생처음 들어보는 영화제일지라도 들어가서 찬찬히 영화제 성격과 규정을 읽어보면 그 영화제가 어떤 영화제인지, 내 영화가 그 영화제에 잘 어울리는지 정도는 알 수 있다.

영화제는 보통 경쟁 영화제와 비경쟁 영화제로 나뉘는데 경쟁 영화제는 말 그대로 본선에 오른 작품들을 가지고 심사

위원들이 상을 주는 영화제로, 단편 영화제로 유명한 오버하우젠 영화제나 클레르몽-페랑 영화제가 있고 상업 영화를 주로 다루는 칸 영화제나 베를린 영화제, 베니스 영화제에도 단편 영화 경쟁 부문이 있다. 비경쟁 영화제는 주로 영화제 프로그래머들이 전세계를 돌아다니며 본 영화들을 자기들의 영화제에 초청하는 형식을 취하기 때문에 영화제에 출품한다는 것은 주로 경쟁 영화제에 간다는 것을 의미한다. 최근에는 우리나라의 단편 영화들이 전세계적으로 작품성과 완성도를 인정받아 많은 영화제에서 주의 깊게 바라보고 있으며 몇몇 영화의 선전으로 말미암아 영화제에서 특별전이 열리는 등 푸대접을 받지는 않는다. 내 영화와 잘 어울릴 만한 영화제를 선택했다면 몇 월에 열리는지 언제까지 테이프를 보내야 하는지 등등 정보를 체크해서 그대로 해야 하며 정확하게 지켜줘야 한다. 가장 좋은 방법은 영화제 담당자에게 이메일을 보내는 것이다. 내가 이런 영화를 만들었는데 언제까지 어떻게 해서 어디로 보내야 하느냐 등등을 물어보면 대부분의 영화제는 성심성의껏 대답해준다. 물론 외국 영화제는 영어로 보내야 하는 것은 당연하다. 영어를 못한다고? 이런. 외국 영화제와 마찬가지로 국내에서 열리는 영화제도 출품하는 것은 다르지 않지만 정서나 생활 방식이 다른 외국 영화제와 달리 영화를 감독이 만든 의도대로 이해해주기 때문에 오히려 감독에겐 더 좋은 영향을 미치기도 한다. 그도 그럴 것이, 영화를 보고 난 후에 관객들과 직접 만나는 자리에서 같은 문화권에서 같은 생활 방식을 가지고 있는 사람들이 자신의 영화를 보고 느끼는 점을 이야기해주는 것은 스스로 느끼지 못한 부분들을 알려주기 때문이다. 부산국제영화제의 와이드 앵글 섹션은 경쟁 영화제로 인디포럼은 비경쟁 영화제로 국내 영화제를 대표한다.

자신의 영화를 혼자의 힘으로 영화제에 낼 때는 절차상의 문제나 그외 이것저것 챙겨야 하는 것, 그리고 보내고 관리하는 문제 등 여러 가지 곤란한 점이 발생하곤 한다. 국내에도 단편, 독립 영화를 전문으로 배급해주는 회사가 있는데 자신의 작품을 배급 회사에서 배급하기로 결정이 되면 영화 수익을 일정 비율로 나누는 대신 배급과 영화제 참가를 대신해준다. 하지만 배급 회사에서 모든 영화를 하는 것이 아니라 자신들이 배급할 만하다고 결정을 내린 경우에만 맡기 때문에 당신이 만든 영화가 꼭 배급된다는 보장은 없다.

영화제는 대부분 자신들의 홈페이지를 가지고 있으며 그 안에 영화제 역사 및 성격, 그리고 출품을 하려면 어떻게 해야 하는지도 자세하게 나와 있다.

# ❶ 국내 영화제

### 부산국제영화제(Pusan Int'l Film Festival)

http://www.piff.org

10월/11월 개최, 와이드 앵글wide angle 부분에서 단편, 독립 영화 초청 상영, 단편 영화와 다큐멘터리 부분에서 각각 한 작품씩 차기 작품 지원금(1,000만 원)인 선재펀드를 수여.

### 부천국제판타스틱영화제(Puchon Int'l Fantastic Film Festival)

http://www.pifan.or.kr

4/5월 개최, 단편 영화 경쟁 부문.

### 인디포럼(Indieforum)

http://www.indieforum.co.kr

등록 3월, 5/6월 개최, 서울에서 열리는 국내 최대의 비경쟁 독립 영화제. 극, 다큐멘터리, 실험 영화, 애니메이션을 포함한 대규모 영화제이며 참여하는 감독 스스로가 영화제의 행사 주최자가 되어 의결권을 가지는 독특한 영화제.

### 한국독립단편영화제

http://www.kicf.or.kr

11월 등록, 12월 개최, 서울에서 열리며 1년 동안 만들어진 독립 영화, 단편 영화, 다큐멘터리, 애니메이션, 실험 영화를 선정, 각각 한 작품씩 자기 작품 지원금을 수여.

### 서울다큐영상제

http://www.seouldoc.org

9월에 열리는 다큐멘터리 영화제, 해외 초청작과 국내 경쟁작 부문이 있으며 seouldoc 대상을 비롯하여 여러 부문의 상을 수여.

## ❷ 대표적인 외국 영화제

### 오버하우젠 국제단편영화제(Int'l Short Film Festival Oberhausen)
http://www.shortfilm.de

독일 오버하우젠Oberhausen에서 개최, 단편 영화, 뮤직 비디오, 자국 영화 및 어린이 영화를 포함한 경쟁 영화제. 등록 3월, 개최 5월, IFFPA, Grosser preis der stadit oberhausen($10,000) 상 수여.

영화제 사무국: Grillostr 34, Oberhausen 1 Germany D-46045

Tel: 49-208-8-25-28-52, Fax: 49-208-825-825-5413

### 클레르몽-페랑 국제단편영화제(Clermont-Ferrand Short Film Festival & Market)
http://clermont-filmfest.com

프랑스 클레르몽-페랑/Clermont-Ferrand에서 개최, 단편 영화의 경쟁 영화제. 등록 10월, 개최는 다음 해 1/2월, 대상으로 Grand Prix($3,300) 수여.

영화제 사무국: 26, rue des jacobins 63000 Clermnot-Ferrand France

Tel: (33) 473-91-65-73, (33) 473-90-67-58, Fax: (33) 73-92-11-93

### 선댄스 영화제(Sundance Film Festival)
http://www.sundancefilm.com

미국 파크시티Park City에서 개최, 미국에서 제작된 독립 영화와 해외에서 제작된 독립 영화 부문이 있는 경쟁 영화제, 등록 11월. 개최는 다음해 1월.

영화제 사무국: Sundance Institute P.O. Box 16450 Salt Lake City, Utah 84116 U.S.A.

Tel: (1-801)328-3456, Fax: (1-801)226-1937

### 로테르담 영화제(Int'l Film Festival Rotterdam)
http://www.iffrotterdam.nl

네덜란드 로테르담Rotterdam에서 개최, 필름과 비디오를 포함 장·단편을 망라한 비경쟁 영화제. 등록은 11/12월. 개최는 다음해 1/2월, 프로그래머의 초청에 한해 참가할 수 있으며 대상으로 Tiger Award($10,000)를 세 작품에 수여함.

영화제 사무국: P.O. Box 21696 3001 AR Rotterdam The Netherlands

Tel: (31-10)4118080, Fax: (31)4135132

## 탐페레 국제단편영화제(Tampere Short Film Festival)

http://www.tamperefilmfestival.fi

핀란드 탐페레Tampere에서 개최, 단편 애니메이션, 기록과 픽션 영화를 포함한 경쟁 영화제. 등록은 1월 초, 개최 3월. IFFPA 승인, 상영 시간이 30분이 넘지 않는 16mm & 35mm 필름만 가능, 대상으로 The Best Short of the World를 수여.

영화제 사무국: P.O. Box 305 33101 Tampere Finland

Tel: (358-31)235681; 196149; 130034, Fax: (358-31)230121

## 만하임 국제영화제(Int'l Film Festival / Mannheim-Heidelberg)

http://www.mannheim-filmfestival.com

독일 만하임Mannheim에서 개최, 작가 영화와 독립 영화를 주로 상영하는 경쟁 영화제. 등록은 8/9월, 개최는 10/11월, International Independent Award($16,740) 상이 수여됨.

영화제 사무국: Collini-Center, Galerie D-68161, Mannheim Germany

Tel: (49-621)10-29-43, Fax: (49-621)15-23-16

## 로카르노 국제영화제(Locarno Int'l Festival)

http://www.pardo.ch

스위스 로카르노Locarno에서 개최, 신인 감독들의 첫 작품과 제3세계 고유의 영화를 대상으로 하는 경쟁 영화제. 등록은 5월, 개최 8월.

영화제 사무국: Casella postale, via della Posta 6, 6600 Locarno Suisse

Tel: (41-93)31-02-32, Fax: (41-93)31-74-65

## 야마가타 국제기록영화제(Yamagata Int'l Documentary Film Festival)

http://www.city.yamagata.yamagata.jp/yidff

일본 야마가타Yamagata에서 개최, 격년제로 열리는 다큐멘터리 경쟁 영화제. 등록은 홀수 해 3월, 개최는 그해 10월, 그랑프리로 The Robert and France Flasherty Prize($25,840) 상이 수여됨.

영화제 사무국: Kitagawa Bldg., 4th floor 6-42 Kagurazaka, Shinjuku-ku,(도쿄 사무실)
        Tokyo 162 Japan

Tel: (81-3)3266-9704, Fax: (81-3)3266-9700

## 베를린 국제영화제(Internationale Filmfestspiele Berlin)

http://www.berlinale.de

독일 베를린Berlin에서 개최.

영화제 사무국: Internationale Filmfestspiele Berlin Abteilung Programm Potsdamer Straße 5
D-10785 Berlin

Tel: +49 · 30 · 259 20 444,  Fax: +49 · 30 · 259 20 499

## 칸 국제영화제(Cannes Int'l Film Festival)

http://www.festival-cannes.org

프랑스 칸Cannes에서 개최.

영화제 사무국: Festival international du film, 71, rue du Faubourg Saint-Honore 75008
Paris France

Tel: (33-1)42-66-92-20,  Fax: (33-1)42 66 68 85

## 베니스 국제영화제(International Venice Film Festival/The Venice Biennale)

http://www.labiennaledivenezia.net.

이탈리아 베니스Venice에서 개최.

영화제 사무국: San Marco, 1364/a Ca' Giustinian 30124 Venice - Italy

Tel: 0039 41 5218711,  Fax: 0039-41-5227539

# 제5장

## 필름으로 만드는 영화와 무엇이 다른 거지?

지금까진 영화를 디지털 제작 방식으로 만드는 것만을 기준으로 이야기를 했다. 하지만 영화가 처음 만들어진 이후 기술적으로 또 미학적으로 영화가 발전하는 데 그 기초 자료가 된 제작 방식은 필름 제작이며, 불과 얼마 전까지만 하더라도 영화를 만든다는 건 필름 카메라로 영화를 찍는 것을 의미했었다. 그렇기 때문에 아직까지는 필름으로 작업하는 영화 제작 방식이 일반적이며 필름으로 제작되는 방식에 대한 연구가 더욱더 많이 이루어져 있다. 영화의 내용적인 고민이나 영화 형식과 장르에 대한 고민은 필름 작업과 디지털 작업이 그다지 다르지 않지만 영화를 담아내는 매체인 장비와 작업의 과정 process은 디지털과 많이 다르기 때문에 필름으로 작업을 하기 위해서는 본격적인 교육을 받아야 하며 극장에서 개봉을 하거나 완성도를 높이기 위해서는 각 분야의 전문가가 자신의 힘을 다하여 만들어야 한다. 물론 혼자서도 할 수 있지만 쉽게 한계에 도달하는데, 혼자서도 어느 정도 완성된 영화가 나올 수 있는 디지털과 달리 필름으로 제작하는 영화를 혼자서 만든다는 것은 불가능에 가깝다. 또한 미학적인 개념에서 각 영화를 바라봤을 때 제작 특성에 따른 차이뿐만 아니라 영화가 본질적으로 가지고 있는 색과 구성의 차이가 '제작비가 저렴하다' '상대적으로 제작하기가 쉽다' 같이 말하는 것처럼 단순하게 말할 수 없으며 어떤 제작 방식이 우위에 서 있다고 말하기보다는 서로 독창적인 매력을 가지고 있기에 다르다는 것을 이해해야 한다. 필름으로 영화를 만드는 방법은 아무래도 전문적이라

 여러 가지 차이가 있겠지만 사실 피부로 와 닿는 가장 큰 차이는 제작비가 아닐 수 없다. 촬영 장비를 사기엔 너무나도 고가이며 빌리는 것 또한 만만치 않다. 기자재뿐만 아니라 필름 값이나 후반 작업을 하기 위해 전문 스튜디오를 빌리는 비용처럼 꼭 필요한 비용만 들이더라도 디지털로 제작하는 영화보다는 00l 하나 더 붙는다. 제2장의 제작 예산서에서 필름으로 만드는 단편 영화의 제작 예산서 샘플을 보면 잘 알 수 있다.

책 한 권으로 설명하기엔 무리가 있다. 만약 필름으로 영화를 만들고 싶다면 처음부터 본격적으로 공부를 시작하거나 전문적인 교육을 받아야 한다. 가벼운 마음으로 도전하기에는 필름으로 영화를 만드는 작업은 너무 무거우며 충분히 준비가 되어 있지 않다면 당신에게 좌절만을 안겨줄 뿐이다. 아니 그 정도로 어렵나? 도대체 뭐가 다른 거지? 디지털 영화 제작과 필름 영화 제작은 어떤 차이를 가지고 있을까?

 필름의 종류는 그 가로 폭에 따라 8mm, 16mm, 35mm, 70mm 등으로 나누며 폭이 넓을수록 빛에 반응하는 감광 입자의 수가 많아 질감이나 콘트라스트, 원색의 재현이 상대적으로 좋다. 우리가 일반 극장에서 보는 영화는 대부분 35mm이며 8mm는 이미 비디오의 출현으로 사장되었고, 16mm는 학생들의 실습 작품이나 독립 영화권에서 많이 사용하지만 스테레오 사운드를 지원하지 않고 화면이 어둡다는 단점이 있다. 필름을 선택할 땐 최종 프린트의 포맷이 무엇인지, 흑백인지 컬러인지, 실내에서 찍을 것인지 실외에서 찍을 것인지를 고려해서 선택해야 한다.

## 1. 필름 vs 디지털 테이프

너무나도 당연한 이야기겠지만 촬영이 되는 매체 즉, 필름과 디지털 테이프가 가장 크게 다르다. 하지만 이 차이가 영화 제작 과정의 모든 단계를 결정하는 기본이 되기 때문에 필름과 디지털 테이프가 가지고 있는 각각의 특성 정도는 알고 있어야 하며 자신이 하는 작업이 필름에 적합한지, 디지털 작업에 적합한지 정도는 파악하고 있어야 한다. 필름은 빛이 필름의 감광 작용을 통해 영상으로 남게 되고 디지털 테이프는 렌즈를 통해 들어온 빛이 CCD라고 불리는 감광판을 통해 전자기적인 파형으로 변환, 영상으로 남게 되는 원리를 쓰고 있다. 빛의 양에 따라 골라 쓸 수 있는 다양한 특성을 가지고 있는 필름이 디지털과 비교할 때 아직까진 더욱더 선명하고 다양한 색 재현을 할 수 있지만 상대적으로 많은 비용과 전문적인 지식이 필요하다. 촬영 후 바로 찍은 것을 확인할 수 있는 디지털과 달리 필름은 현상 과정과 인화 과정을 거쳐야만 촬영된 조건대로 화면을 확인해서 볼 수 있다. 촬영된 필름을 현상을 하면 네거티브negative 필름이 되는데 편집을 위해 러시rush 필름을 인화하거나 디지털 편집을 위해 텔레시네telecine 과정을 거쳐야만 영사기 또는 모니터로 촬영한 것을 확인할 수 있다는 것이 또 다른 차이점이다.

필터 없이 사용할 경우, 텅스텐 색 온도와 감도

떼어낼 수 있는 레이블 위 부분은 매거진에 붙여 현재 사용하고 있는 필름에 관한 정보를 상기시킬 수 있다.

주광 하에서 85필터를 사용할 때의 노출 지수

미터 단위로 표시된 퍼포레이션 피치

필름을 확인하는 컬러 바

필름 폭

퍼포레이션 형태

필름 종류  감광유제 번호  룰 번호  인치로 표시된 퍼포레이션 피치  제품 번호

유제 면의 위치 및 필름의 감긴 형태 (유제층 안쪽)

감광유제 표시 문자 및 최종 필름 세부 설명 번호

미터로 표시된 필름 길이

피트로 표시된 필름 길이

*Film Maker's Handbook* p. 64. 필름 캔 레이블 읽는 법과 필름 사이즈

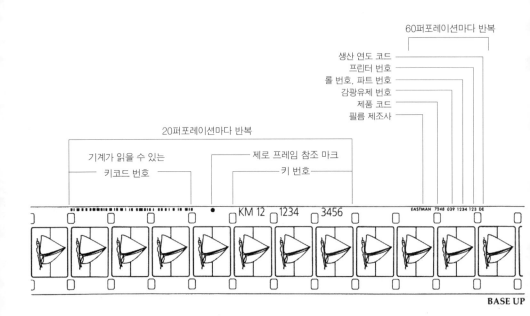

60퍼포레이션마다 반복

생산 연도 코드
프린터 번호
롤 번호, 파트 번호
감광유제 번호
제품 코드
필름 제조사

20퍼포레이션마다 반복

기계가 읽을 수 있는
키코드 번호

제로 프레임 참조 마크
키 번호

KM 12    1234    3456

EASTMAN  7248 039 1234 123 DE

BASE UP

**이스트만 16mm 에지프린트 포맷 키코드 번호**

**CCD:** Charge Coupled Device의 약자. 전하 축적 장치. 빛이 이 CCD에 비춰지면 그 빛을 전기적인 신호로 변환해주는 역할을 하며 빛을 받아들이는 픽셀의 수가 많을수록, 빛을 노랑, 녹색, 파랑으로 나눠서 받는 3개의 CCD가 있는 것이 고화질을 보장한다.

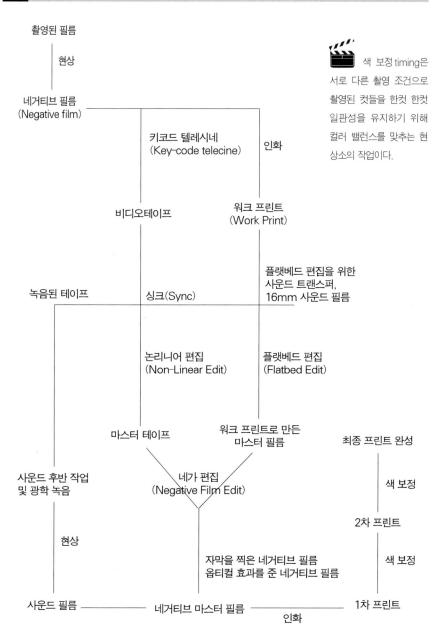

촬영된 필름

현상

네거티브 필름
(Negative film)

키코드 텔레시네
(Key-code telecine)

인화

비디오테이프

워크 프린트
(Work Print)

플랫베드 편집을 위한
사운드 트랜스퍼,
16mm 사운드 필름

녹음된 테이프

싱크(Sync)

논리니어 편집
(Non-Linear Edit)

플랫베드 편집
(Flatbed Edit)

마스터 테이프

워크 프린트로 만든
마스터 필름

최종 프린트 완성

사운드 후반 작업
및 광학 녹음

네가 편집
(Negative Film Edit)

색 보정

현상

자막을 찍은 네거티브 필름
옵티컬 효과를 준 네거티브 필름

2차 프린트

색 보정

사운드 필름 ——————— 네거티브 마스터 필름 ——————— 1차 프린트
인화

🎬 색 보정 timing은 서로 다른 촬영 조건으로 촬영된 컷들을 한컷 한컷 일관성을 유지하기 위해 컬러 밸런스를 맞추는 현상소의 작업이다.

필름으로 만드는
영화의 경우 현상소 작업
은 복잡하지만 그 과정은
꼭 알아야 한다. 편집을 플
랫베드 편집기로 할 경우,
워크 프린트를 만들어야
하고 디지털 논리니어 편
집기로 할 경우, 키코드 텔
레시네를 한 비디오테이프
를 만들어야 한다. 외부 녹
음기로 녹음된 사운드 원
본에서 워크 프린트의 경
우 16mm 사운드 필름을
만들고, 비디오테이프는
디지털 편집과 마찬가지로
싱크를 맞춘 후 편집한다.
편집이 끝나면 워크 프린
트에 찍혀 있는 네거티브
키코드 넘버를 맞춰가며
네가 편집을 하고 논리니
어 편집은 편집기에서 키
코드 넘버 리스트를 출력
해서 네가 편집을 한다. 사
운드 후반 작업을 한 테이
프는 광학 녹음을 한 후 현
상을 하면 사운드 필름이
완성되고 여기에 자막과
옵티컬 효과를 찍은 네거
티브 필름을 포함한 네가
마스트와 함께 인화하면
극장에서 상영하는 프린트
가 완성된다.

## 2. 필름 장비 vs 디지털 장비

장비에서 가장 크게 차이를 보이는 부분은 역시 카메라와
조명 기자재이다. 필름으로 작업을 한다는 것은 아무리 작
은 규모로 현장을 꾸려간다고 해도 적어도 10명 이상의 사
람이 필요하고 모든 스태프는 각각 자신이 맡은 한 가지 역
할들을 해내게 된다. 여러 가지 기능을 담고 있는 디지털 카
메라와 달리 필름 카메라는 오로지 영상을 찍는 역할만을
한다. 그렇기 때문에 필름 카메라와 디지털 카메라는 외형
은 비슷하지만 작동하는 원리는 전혀 다르다. 간단하게 비
교하자면 필름 카메라는 '기계'이고 디지털 카메라는 '전자
제품'의 특성을 지니고 있다. 필름 카메라는 전문적인 지식
과 숙련도에 따라 그 성능이 발휘되는 기계의 특성을 가지
고 있고 디지털 카메라는 쉽게 익히고 누구나 쓸 수 있지만
독특한 특성을 발휘하기 어렵다는 전자 제품의 특징을 지니
고 있다. 필름 카메라는 1초당 24프레임의 필름 위에 빛의
양을 조절해서 감광시키기 위해 각 프레임을 셔터와 퍼포레
이션을 이용해 한 장씩 사진을 찍듯 찍어내는 원리지만 디
지털 카메라는 테이프를 1초당 30프레임으로 분할하여 렌
즈를 통해 들어오는 정보를 0 1 0 1 같은 디지털 코드로 기
록하는 원리이다. 그렇기 때문에 필름 카메라는 지극히 기
계적으로 작동할 수밖에 없는데 쉽게 말하자면 한 장씩 필
름을 감고 조리개와 셔터 스피드를 맞춘 후에 셔터를 누르
는 사진기가 이 모든 과정을 연속적으로 수행하고 있는 것

과 같다. 대부분의 기계들이 마찬가지겠지만 카메라의 조작
또한 쉽지 않으며 가격도 엄청나게 비싸기 때문에 전문적인
교육과 함께 많은 경험을 쌓지 않으면 원하는 대로 찍을 수
없다.

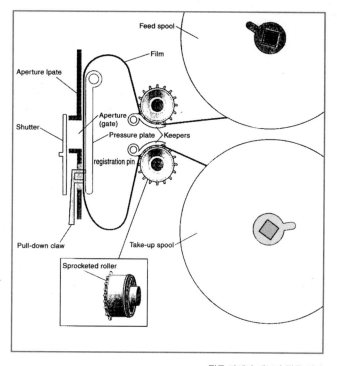

필름 카메라 내부의 작동 원리

🎬 모든 물체는 사람이 눈을 통해서 뇌에서 감지하게 되는데 뇌에서 사물을 감지하는 시간은 약 0.03초이다.
이 시간보다 짧은 시간 내에 그림을 바꿔주게 되면 정지된 그림이 마치 움직이는 것처럼 보이게 되는데 이를 잔상
효과라 한다. 영화는 잔상 효과를 기본 원리로 움직이고 있는데 영화 카메라 안의 필름이 1초당 24번을 한 프레임
씩 정확하게 빛이 들어오는 게이트에 머물렀다가 전진함으로써 노출과 영사를 가능하게 하는 기계적 움직임을 간
헐 운동intermittent · zeitraffer · intermittant이라 한다.

16mm camera

8mm camera

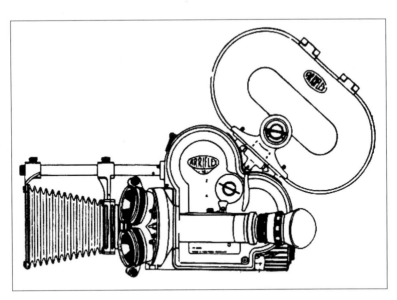

arriflex 16ST의 내부 구조와 매거진 구조

8mm, 16mm, 35mm 카메라 사진과
디지털 카메라의 사진과 모델.

35mm camera

## 3. 필름 조명 vs 디지털 조명

필름과 디지털 테이프는 기본적으로 빛을 받아들이는 방식이 다르기 때문에 필름으로 작업하는 경우 디지털보다 상대적으로 많은 광량(光量)을 요구하고 빛의 색 온도나 램프의 종류, 필터의 사용에 더욱 민감할 수밖에 없다. 디지털 카메라의 장점 중의 하나는 광량에 대해 그다지 민감하지 않다는 것이지만 그렇다고 전혀 무시할 수는 없다. 필름 조명과·디지털 조명의 원리는 그렇게 다르지 않지만 필름으로 영화를 찍는 경우 특별히 화면을 위해 신경 써야 하는 부분은 적정 노출이 나올 수 있을 만큼 조명을 하는 것이다. 필름의 특성상 빛의 양에 따라 사용할 수 있는 필름의 종류도 렌즈는 초점을 맞춘 피사체를 중심으로 앞뒤로 어느 정도 선명한 상을 맺게 하는 범위가 있는데 이를 피사계 심도라 하며, 거리에 따라 피사체에 가까이 촬영하면 피사계 심도가 짧고, 멀리서 촬영하면 길다. 또 조리개의 밝기에 따라 다른데 동일한 거리에서 촬영하더라도 조리개가 많이 열리면 짧고 좁게 열릴수록 길다. 렌즈 또한 망원 렌즈를 사용하면 짧고 광각 렌즈를 사용하면 길어진다.

다양한데, 사용하는 필름이 원하는 만큼 빛의 양이 받쳐주지 못하면 화면에 충분히 감광이 되지 못해 촬영된 필름을 현상해보면 빛 부족으로 인해 시커멓게 아무것도 안 찍힌 것처럼 된다. 상대적으로 디지털 카메라는 빛을 받아들여 테이프에 기록하는 데 있어 필름 카메라와는 달리 조리개나 셔터 스피드가 카메라 내에서 현재 광량의 상태에 따라 조절되기 때문에 비록 화면이 거칠게 나올지언정 눈에 보이는 대로 찍힌다. 다시 말하면 어두우면 어두운 대로, 밝으면 밝은 대로 카메라가 조리개와 셔터 스피드를 스스로 조절해내는 기능을 가지고 있기 때문에 빛이 전혀 없지만 않다면 조명이 그렇게 문제가 되지는 않는다. 물론 조명의 역할이 단지 보이게 찍는 것만은 아니며 원근감이나 깊이, 그리고 특별한 느낌을 가지게 하는 화면을 만들기 위해 사용하는 것은 필름이나 디지털이 다르지 않다.

## 4. 편집의 차이

요즈음은 논리니어 non-linear 시스템의 컴퓨터 편집이 일반화되어 있지만 아직까지는 플랫베드 flatbed 편집기 — 스틴벡 steenbeck 이나 무비올라 movieola 같은 필름 편집만을 위한 편집기도 사용된다. 논리니어 편집 장비에서 최종 영화가 만들어지는 디지털 제작 방식과는 달리 필름은 다양한 과정의 후반 작업을 각각의 작업실, 편집은 편집실, 녹음은

플랫베드 편집기 - 스틴벅 사진

녹음실, 현상소에서 해야 극장에서 상영을 할 수 있는 최종 필름이 만들어지게 된다. 필름 편집도 물론 논리니어 편집 장비로 편집을 하지만 디지털 편집을 위해서는 촬영된 필름을 비디오 영상으로 바꿔야 하는데 이를 텔레시네telecine 라 한다. 텔레시네를 할 때 초당 24프레임으로 돌아가는 필름과 30프레임으로 돌아가는 디지털 사이에는 6프레임의 차이가 있는데 필름이 가지고 있는 고유의 번호인 키코드 넘버key-code number와 비디오의 타임코드time-code를 가지고 이 수치를 기계적으로 극복해주는 작업이 논리니어

 텔레시네는 영화 필름을 텔레비전 영상으로 전환하는 장치로 영사기와 TV를 연결시켜 1초당 24 프레임인 영화 필름을 TV 영상에 적합한 1초당 30 프레임으로 바꾸는 장치를 가리킨다.

장비로 필름 편집을 하기 위해서 필요하다. 일반적으로는 현재에도 많이 사용되고 있는 방법으로 플랫베드 편집 — 스틴벡 편집을 한다. 스틴벡은 카메라의 모터 스피드와 영사기의 모터 스피드와 같은 1초당 24프레임으로 모터가 돌아가는 편집기로 속도 조절이 용이하고 녹음된 소리 또한 똑같이 필름으로 제작하여 스틴벡에서 작업할 수 있다. 스플라이서를 이용해 편집을 하고 편집이 끝난 후엔 러시 필름에 찍혀 있는 네거티브 번호를 확인, 번호대로 네거티브 필름을 다시 자르고 붙이는데 이를 네가 편집이라 한다.

## 5. 후반 작업

키네코는 키네스코프 레코딩kinescope recording의 줄임말로 텔레비전 카메라로 촬영한 화상과 음성을 영화 필름에 기록하는 것을 말하지만, 보통 비디오테이프에 담긴 영상과 컴퓨터 영상을 포괄하여 영화 필름에 기록하는 것을 총칭한다.

필름으로 만드는 영화에서 사운드 작업을 비롯한 최종 프린트를 만드는 것은 디지털의 후반 작업과 전혀 다르다. 필름 작업에서의 후반 작업은 기계적으로 진행되는 일임에는 분명하지만 여러 부분들이 맞물려서 진행되기 때문에 전체적으로 작업 과정을 알고 있지 않으면 뭐가 뭔지 뒤죽박죽이 되기 쉽다. 후반 작업은 그 과정 하나하나가 굉장히 전문적이기 때문에 특별히 전문적인 공부를 하지 않고서는 설명할 수 없기 때문에 어떻게 진행되고 어떤 일을 하는지 정도만 설명하겠다. 만약 필름으로 영화를 만들고 싶다면 여기에 나오는 모든 부분을 공부해야 함은 두말할 나위가 없다. 디지털로 작업한 다음 필름으로 전환하는 작업도 가능한데 이를 일명 키네코라 한다. 최근 많은 영화들이 디지털 카메라로 촬영한 후에 필름으로 전환해서 기존의 극장에서 상영하는 예가 많은데 단점이라면 비용이 많이 들고 화질이 필름으로 작업한 것만큼 선명하지 않다.

사운드 후반 작업은 과정 하나하나가 굉장히 전문적이기 때문에 정말로 특별히 공부를 하지 않고 대충 혼자서 해보려고 해서는 안 된다. 영화 작업 내내 전문가의 손길이 가장 필요한 과정이기도 하며 필름 작업의 경우 그 공정 또한 상당히 복잡하기 때문에 더욱더 전문가의 솜씨가 요구된다.

## 🎬 사운드 후반 작업 과정

| | RECORDING | | | |
|---|---|---|---|---|
| 현장 대사 | ADR | POLEY | SOUND EFFECT | MUSIC |
| **편집** 대사 트랙 편집 | | POLEY 트랙 편집 | 사운드 효과 편집 | |

**프리믹싱**

레벨 맞추기
EQ 조정
PANNING
레브버레이션, 기타 효과

| 대사 프리믹서 (원활한 믹싱을 위한 트랙 분리) | 사운드 효과 프리믹서 (창조적인 컨트롤을 위한 다각적인 조정) | 음악 프리믹서 (오버랩 사용 지점에 대한 소스 공정) |
|---|---|---|

**파이널믹싱**

소리 상호간의 레벨 조정
마지막 EQ 조정, 잔향, 사운드 효과 공정 추가

35mm 마그네틱/멀티트랙

| DTS | SDDS | Dolby Digital | Dolby Stereo | MONO |
|---|---|---|---|---|

# 부록

# 메뉴로 설정을 바꿉니다

각 항목의 설정

카메라를 구입하셨을 때에는 아래 표의 ● 표시 쪽으로 설정되어 있습니다.

전원 스위치가 [카메라]에 위치해 있을 때

| 항목 | 설정 | 설정 내용 | 언제 사용? |
|---|---|---|---|
| 오토 셔터 | ●入 | 오토 셔터 기능을 움직인다. | 밝기가 지나칠 경우 자동적으로 전자 셔터를 동작시키고 싶을 경우 |
| | 切 | 오토 셔터 기능을 움직이지 않는다. | 밝기가 지나칠 경우 자동적으로 전자 셔터를 동작시키고 싶지 않을 경우 |
| 디지털 줌 | ●入 | 디지털 줌을 움직인다. 최대 줌 배율은 20배 | 통상의 최대 줌(10배)에서도 피사체의 크기가 작을 경우. 10배를 넘어서면 화질에 영향을 미칩니다. |
| | 切 | 디지털 줌을 움직이지 않는다. 최대 줌 배율은 10배 | 디지털 줌이 필요 없을 때 |
| 와이드 TV | ●切 | 와이드 화면 모드를 사용하지 않는다. | 보통 때는 이 위치에 놓음 |
| | 入 | 와이드 화면 모드로 한다. | 16:9의 와이드 화면으로 촬영하고자 할 때 |
| 제브라 | ●切 | 제브라 패턴을 표시하지 않는다. | 보통 때는 이 위치에 놓음 |
| | 入 | 제브라 패턴을 표시한다. | 노출이 오버되어버리는 부분을 확인하고 싶을 때 |
| 리모컨 | ●VTR4 | VTR4 모드로 해서 리모컨으로 조작한다. | 보통 때는 이 위치에 놓음 |
| | 切 | 리모컨으로 조작할 수 없게 된다. | 다른 기기의 리모컨으로 인해 본 기기가 오동작을 일으킬 때 |
| | ID | ID 번호를 등록한 리모컨으로 조작한다. | 본 기기를 자신이 등록한 ID 이외에는 조작할 수 없게 만들려 할 때 |
| | ID 등록 | ID 번호를 등록한다. | ID 번호를 등록할 때 |
| 헤드폰 | ●小 | 헤드폰의 음량을 작게 한다. | |
| | 中 | 헤드폰의 음량을 보통으로 한다. | |
| | 大 | 헤드폰의 음량을 크게 한다. | |
| 알림 부저 | ●入 | 확인 부저를 울린다. | 보통 때는 이 위치에 놓음 |
| | 切 | 확인 부저를 울리지 않게 한다. | 부저 음을 끄고 싶을 경우 |
| EV 모드 | 원래로 | 메인 메뉴로 돌아간다. | |
| | 색의 농도 | 파인더의 색의 농도를 설정한다. | 파인더의 색의 농도를 바꾸고 싶을 때 |
| | 밝기 | 파인더의 밝기를 설정한다. | 파인더의 밝기를 바꾸고 싶을 때 |
| 콤마 촬영 | ●切 | 콤마 촬영 기능을 움직이지 않게 한다. | 콤마 촬영을 하지 않을 때 |
| | 入 | 콤마 촬영 기능을 움직이게 한다. | 콤마 촬영을 할 때 |

| 인터벌 녹화 | 원래로 | 메인 메뉴로 돌아간다. | |
|---|---|---|---|
| | 설정<br>(切/入) | 인터벌 녹화 기능을 움직이지 않는다/움직인다. | 통상/인터벌 녹화를 할 때 |
| | 대기 시간 | 인터벌 녹화의 대기 시간을 설정한다. | 인터벌 녹화의 대기 시간을 바꾸고 싶을 때 |
| | 녹화 시간 | 인터벌 녹화의 녹화 시간을 설정한다. | 인터벌 녹화의 녹화 시간을 바꾸고 싶을 때 |
| 셀프 타이머 | ●10초 | 셀프 타이머를 10초로 설정한다. | 보통의 경우에는 이 위치에 |
| | 2초 | 셀프 타이머를 2초로 설정한다. | 셀프 타이머의 시간을 짧게 하고 싶을 때 |
| 커스텀<br>프리 세팅 | 원래로 | 메인 메뉴로 돌아간다. | |
| | 설정<br>●切/入 | 커스텀 리셋 기능을 움직이지 않는다/움직인다. | 통상/커스텀 리셋 기능을 움직이려 할 때 |
| | 색의 농도 | 프리 세트하는 색의 농도를 설정한다. | 녹화하는 화상의 색의 농도를 바꾸고자 할 경우 |
| | 샤프니스 | 프리 세트하는 샤프니스를 설정한다. | 녹화하는 화상을 또렷하게 보이게 할 것인지 뭉개게 보이게 할 것인지를 설정 |
| | WB<br>시프트 | 프리 세트하는 WB의 시프트를 설정한다. | 촬영하는 색 온도를 변화시키고 싶을 때 |
| | AE<br>시프트 | 프리 세트하는 AE의 시프트를 설정한다. | AE의 설정 레벨을 바꾸고 싶을 때 |
| | 게인<br>시프트<br>(●0db/<br>-3db) | 프리 세트하는 게인을 설정한다. | 통상/게인을 -3db로 하고 싶을 때 |
| | 리세트 | 커스텀 리세트 기능의 설정을 구입 시의 디폴트 값으로 돌린다. | 모든 설정을 원래의 값으로 돌린다. |

## 자동 조절과 수동 조절

〈설명〉 포커스(핀트), 화이트 밸런스(색 맞춤), 밝기. 셔터 스피드, 녹음 레벨을 자동 또는 수동으로 조절할 수 있습니다.

●자동 조절로 간편하게 촬영하고 싶다 → 자동 조절

●촬영 상황이나 피사체에 맞추어 촬영하고 싶다 → 수동 조절

●특정한 상황을 설정되어 있는 가장 적절한 세팅 값으로 촬영하고 싶다 → 프로그램 AE

〈언제 사용?〉 보통의 경우에는 자동 조절로 합니다만, 촬영 상황이나 피사체에 맞추어서 수동 조절이나 프로그램 AE로 변환할 수 있습니다.

수동 조절이나 프로그램 AE 조절을 한 설정값을 유지한다.

오토록 스위치를 한 번 밑으로 내려 〔홀드〕로 합니다.

밝기, 셔터 스피드, 화이트 밸런스, 프로그램 AE, 녹음 레벨의 각 버튼과 컨트롤 다이얼, 밝기 버튼 다이얼이 움직이지 않게 됩니다.


## 수동으로 핀트를 맞춘다

〈설명〉 촬영 상황에 맞추어 수동으로 핀트를 조절할 수 있습니다. 또한 오토록으로 하여 자동 조절로 촬영하고 있는 상태라 하더라도 핀트 조절만 수동으로 할 수 있습니다.

〈언제 사용?〉 충분한 밝기나 적절한 명암의 차이가 없는 경우 등과 같이 핀트가 자동으로 맞춰지기 어려운 경우, 또는 의도적으로 핀트의 위치를 바꾸고 싶은 경우 등.

1. 촬영 중 또는 촬영 스탠바이 중에 포커스 스위치를 수동으로 합니다.
(파인더에 포커스 수동 표시〔손 안의 F 표시〕가 나옵니다.)

2. 줌을 T측(망원 쪽) 끝까지 해놓습니다.

3. 포커스링을 돌려 핀트를 맞춥니다
(포커스링을 돌리는 중에 〔수동 핀트 조절 표시〕가 나옵니다. 핀트가 잘 맞춰졌으면 파인더에 표시가 나옵니다.)

4. 줌을 움직여 원하는 사이즈로 그림을 만듭니다.

   !) 어두운 실내에서 촬영할 경우
   핀트가 맞춰지는 범위가 상당히 좁아지므로 수동으로 핀트를 맞춘 뒤 가능한 한 W측(광각측)으로 하여 촬영하는 것이 좋습니다.

   !) 밝은 야외에서 움직임이 심한 물체를 촬영하는 경우
   W측(광각측)으로 바짝 당겨 촬영하는 것이 좋습니다.

*!) 자동 핀트 조절의 구조*

자동 핀트 맞추기는 가로 방향으로 주사하는 영상 신호로부터 핀트를 검출합니다. 이 때문에 피사체가 가로줄 무늬로만 되어 있는 물체나 배경과의 콘트라스트가 거의 없는 물체는 자동 핀트 조절이 어렵습니다.


## 수동 조절 중의 표시

핀트를 맞춘 상태에 따라 수동 핀트 조절 표시가 파인더 안에 표시됩니다.

▷○◀ 포커스링을 왼쪽으로 돌리면 포커스가 맞습니다(핀트가 피사체보다 가까운 상태).

▷●◁ 포커스가 정확히 맞은 상태

▶○◁ 포커스링을 오른쪽으로 돌리면 포커스가 맞습니다(핀트가 피사체보다 먼 상태).


*핀트를 무한원으로 해서 촬영한다.*

포커스 스위치를 〔無限〕으로 하면 핀트는 무한원에 맞춰지며, 손가락을 스위치에서 떼면 다시 수동 조절 상태로 되돌아옵니다.

멀리 있는 피사체를 촬영하고자 함에도 가까이에 있는 피사체에 포커스가 맞아버리는 경우에 사용하면 편리합니다.

*일시적으로 오토 포커스로 촬영한다.*

포커스 선택창 밑의 자동 버튼을 누르면, 누르고 있는 동안만 오토 포커스가 작동합니다. 수동 핀트 맞추기로 어느 피사체에서 특별한 피사체로 핀트를 옮기고자 할 때와 같은 경우에 사용하면 자연스럽게 핀트가 이동하는 것과 같은 그림이 됩니다. 손가락을 떼면 자동으로 수동 조절로 돌아옵니다.

*자동 조절로 돌아옵니다.*

포커스 스위치를 〔자동〕으로 하면 〔포커스 수동 표시〕가 사라집니다.

!) 수동 핀트 맞추기 표시는 로 셔터를 사용하고 있을 때에는 표시가 되지 않습니다.

!) 1.5초 간 포커스링을 움직이지 않으면 수동 핀트 조절 표시는 사라집니다.

!) 수동 핀트 조절을 할 때 다음과 같은 마크가 나올 경우가 있습니다.

산 모양 : 무한원에 있을 경우에 점등합니다.

사람 모양 : 더 이상 앞쪽으로 핀트를 맞출 수 없을 경우에 점등합니다.

!) 피사계 심도에 대해서

피사체에 핀트를 맞추었을 때 피사체의 전후로 일정 부분은 엄밀히 말해 정확하게는 핀트가 맞지 않습니다만, 마치 핀트가 맞은 것처럼 보이는 범위가 있습니다. 이처럼 마치 핀트가 맞은 것처럼 보이는 범위를 피사계 심도라 부릅니다. 이 범위가 넓을 경우에는 〔피사계 심도가 깊다〕, 좁을 경우에는 〔피사계 심도가 좁다〕라고 말하는 것입니다. 피사계 심도는 렌즈의 조리개 값과 초점 거리zoom에 따라 다음과 같이 변합니다.

| 아이리스(조리개 값) | 개방 쪽(조리개 값이 작음) | 조인 쪽(조리개 값이 큼) |
| --- | --- | --- |
| 피사계 심도 | 얕음 | 깊음 |

| zoom(초점 거리) | 망원(T쪽) | 광각(W쪽) |
| --- | --- | --- |
| 피사계 심도 | 얕음 | 깊음 |

**적절한 셔터 스피드의 예**

셔터 스피드는 촬영 조건과 밝기에 따라 적절하게 변화합니다. 아래의 표를 참고하여 셔터 스피드를 조절하십시오. 셔터 스피드를 빠르게 하면 그림이 어둡게 찍히는 경우가 있으므로 파인더로 밝기를 확인해가며 조절하십시오.

| 촬영 조건의 예 | 권장할 만한 셔터 스피드 |
|---|---|
| ●맑은 하늘 아래에서 테니스나 골프, 스키 따위를 타고 있는(순간의) 장면을 확실하게 촬영하고자 할 경우 | 1/500에서 1/1000(순간의 장면을 확실하게 촬영하고자 할 경우에는 1/1000에서 1/10000 사이) |
| ●자동차나 기차를 타고 밖의 풍경 등을 촬영할 때 | 1/125에서 1/500 |
| ●엷은 구름이 낀 상태 아래에서 제트코스터 등을 촬영할 때<br>●운동회나 마라톤 등을 촬영할 때<br>●실내에서 스포츠 등을 하고 있는 사람을 촬영할 때<br>●설산이나 여름의 해변 등에서 ND2 필터의 효과를 대신해서 촬영하고자 할 때<br>●형광등 아래에서 빛의 흔들림 현상(프리커 현상)이 나오지 않도록 촬영하고자 할 때(50kz의 지역에서 촬영할 때만) | 1/100 |
| ●맑은 하늘 아래에서의 촬영 | 1/90~ 이상 |

!) 파인더에 나오는 셔터 스피드 표시에 대하여

예를 들면 셔터 스피드 표시가 100일 경우, 셔터 스피드는 1/100으로 표시합니다.

!) 휘도(반사)가 높은 피사체를 촬영할 경우

셔터 스피드가 빠른 경우 세로 방향으로 엷은 꼬리띠가 따라붙는 것과 같은 그림이 됩니다(스미어 현상).


**수동으로 조절한다**

〈설명〉 밝기와 셔터 스피드를 각각 독립해서 설정할 수 있습니다

〈언제 사용?〉 피사체와 배경의 밝기의 차이가 너무 큰 경우(역광)나 어두운 장소 등에서 실제보다 밝게 촬영하고 싶은 경우에 사용

*밝기를 조절한다.*

1. 촬영 스탠바이 중에 오토록 스위치를 한가운데로 한다.

2. 밝기 버튼을 누른다(눌렀을 때에 자동 조절되어 있던 값이 나와 밝기가 고정됩니다).

3. 밝기 조절 다이얼을 돌려서 원하는 밝기를 선택합니다.

   아이리스(조리개 값)는 open~close, 게인은 0(-3)db~+18db 의 범위 안에서 변합니다.

   !) -3db에 관해서
   메뉴의 커스텀 프리 세트의 게인 시프트에서 -3db를 선택했을 때에만 세팅이 가능합니다.

   !) 파인더 내의 아이리스 값, 게인 값의 표시에 대해서
   프로그램 AE의 어느 것이라도 선택해 있을 시에는 밝기 버튼을 눌러도 밝기 다이얼의 정보는 표시되지 않습니다.

   !) 밝기를 조절하고 있는 중에는
   컨트롤 다이얼, 셔터 스피드 버튼은 사용할 수 없습니다.
   프로그램 AE 버튼을 눌러도 밝기 조절은 해제되지 않습니다.


## 셔터 스피드를 조절한다

1. 촬영 스탠바이 중에 오토록 스위치를 한가운데 위치시킵니다.

2. 파인더 내에 프로그램 AE의 [AE/S]나 [AE/S], [ ]표시가 나와 있으면 이 표시들이 없어질 때까지 프로그램 AE 버튼을 누릅니다.

3. 셔터 스피드 버튼을 누릅니다
   → 눌렀을 때에 자동 조절되어 있던 값이 나와 고정됩니다. 다시 한번 누르면 1/100
   → 1/1000이라는 표시가 나타납니다.

4. 컨트롤 다이얼을 돌려서 원하는 값을 고릅니다.

다음과 같이 변화합니다.

1/4, → 1/8, → 1/15, → 1/30 …… 1/4000, → 1/6000, → 1/10000

수치가 작아질수록 (파인더 내의 표시가 커질수록) 셔터 스피드가 빨라지고, 수치가 커질수록(파인더 내의 표시가 작아질수록) 셔터 스피드는 늦어집니다.

!) 형광등, 나트륨등, 수은등 등 방전관을 사용하는 조명 아래에서 촬영할 경우
셔터 스피드에 따라서는 화면이 밝아진다든지, 어두워진다든지 하는 현상(프리커 현상)이 일어난다든지, 색이 변한다든지 하는 현상이 생길 수 있습니다.
이러한 경우에는 셔터 스피드를 유럽 지방과 같이 50Hz를 사용하는 지역에서는 1/100으로 일본과 한국에서와 같이 60Hz를 사용하는 지역에서는 1/60으로 고정하여 사용하십시오.

!) 셔터 스피드 버튼을 눌렀을 때의 표시에 대해서
2번 누르면 1/100이 나옵니다. 다시 한번 누르면 1/1000이 됩니다.
여기에서 컨트롤 다이얼로 간단히 1/1000 이상의 고속 스피드로 설정할 수 있습니다.

!) 셔터 스피드의 1/4, 1/8, 1/15, 1/30은 디지털 기능 스위치를 〔줌/와이드〕로 해두었을 때만 선택할 수 있습니다.


**밝기의 조절**
밝기 조절의 예(그림 설명)

어두운 장면을 충실하게 재연하고자 할 때
▼
밝기를 떨어뜨린다

배경이 너무 밝아 피사체가 어둡게 되어버릴 때(역광 시)
▼
밝기를 올린다

수동 조절한 설정값을 유지한다.

설정이 끝나면 오토록 스위치를 내려서 [홀드]로 한다.

프로그램 AE, 밝기, 셔터 스피드, 화이트 밸런스, 녹음 레벨의 각 버튼과 컨트롤 다이얼
및 밝기 다이얼이 움직이지 않게 됩니다.

밝기 조절을 끝낸다.

밝기 버튼을 눌러 밝기 표시 그래프를 없앤다.

셔터 스피드의 조절을 끝낸다.

셔터 값이 없어질 때까지 셔터 스피드 버튼을 누른다.

밝기/셔터 스피드의 조절을 끝내고 프로그램 AE로 돌아온다.

프로그램 AE 버튼을 눌러 어느 것이든 상관없이 프로그램 AE 표시를 불러낸다.

모든 항목을 자동 조절로 되돌린다.

오토록 스위치를 올려 [오토록]에 위치시킨다.

수동 조절한 설정값을 바꾼다.

바꾸고 싶은 항목에 ▶ 표시가 붙어 있을 경우, 컨트롤 다이얼을 돌려 설정값을 바꾼다.

## ND 필터를 사용한다

이 카메라에는 ND 필터(광량 1/10 상당분)가 내장되어 있습니다.

ND 필터를 사용하면 밝기가 지나친 장면을 촬영할 때 생길 수 있는 화면의 흐려짐 현상
을 방지하여 또렷하고 깨끗하게 촬영할 수 있도록 하여줍니다.

파인더 내에 [ND ON]이 점멸할 때  ND 필터 스위치를 [入]으로 합니다.

파인더 내에 [ND OFF]가 점멸할 때  ND 필터 스위치를 [切]로 합니다.

## 자연스런 색상으로 조절한다 - 화이트 밸런스

〈설명〉 촬영하고자 하는 상황의 주된 조명 아래에서 하얀 것은 하얗게, 자연스러운 색상의 그림이 될 수 있도록 조절하는 것을 화이트 밸런스 맞추기라고 합니다.

일반적인 경우에는 자동적으로 화이트 밸런스가 조정됩니다.

〈언제 사용?〉 파티장 등과 같이 조명 조건이 뒤섞인 장소에서 촬영을 할 경우, 또는 야경이나 네온사인 등을 옥외에서 촬영할 경우 등에 사용합니다.

1. 촬영 중 또는 촬영 스탠바이 중에 오토록 스위치를 한가운데에 위치시킵니다.

2. 화이트 밸런스 버튼을 누릅니다.

누를 적마다 파인더 내의 표시가 표시 없음(자동 조절)→▲○▲ →해 표시(옥외)→전등 표시(실내)로 변화합니다. 오른쪽 표시를 보고 조건에 맞는 표시를 불러내십시오.

*자동 조절로 돌아오려 할 때는*

오토록 스위치를 올리든가 또는 표시가 없어질 때까지 화이트 밸런스 버튼을 누릅니다.

!) 파인더 내의 ○ 표시에 관해서

　느린 점멸: 화이트 밸런스가 아직 설정이 안 된 상태

　빠른 점멸: 버튼으로 화이트 밸런스 조절 중

　점등 : 화이트 밸런스 설정 종료

!) ○ 버튼을 눌러도 ○ 표시가 점멸부터 점등까지 변하지 않는 경우에는

화이트 밸런스 버튼을 눌러 표시 없음(자동)으로 하든가 오토록 스위치를 올려 [오토록]으로 해서 촬영합니다.

!) 스튜디오 조명이나 비디오 라이트로 촬영할 경우에는 [전구] 표시로 촬영하도록 하십시오.

!) 형광등 조명 아래에서 촬영할 경우에는

화이트 밸런스를 자동 조절로 하든가 ○ 표시에 두고 촬영하도록 하십시오.

[전구 표시]에 두고 촬영하면 화이트 밸런스가 올바로 잡히지 않을 경우가 있습니다.

## 수동으로 색상을 조절하는 것이 나을 경우

| 촬영 조건의 예 | 화이트 밸런스 표시 |
|---|---|
| ● 파티장 등 조명 조건의 변화가 많은 곳에서 촬영할 경우<br>● 스튜디오나 비디오 라이트 아래에서 촬영하고자 할 경우<br>● 나트륨 램프나 수은등 아래에서 촬영하고자 할 경우 | 〔전구 표시〕(실내)로 합니다 |
| ● 야경이나 네온, 불꽃놀이 등을 촬영할 때<br>● 일출이나 일몰 등을 촬영할 때<br>● 주광(일광)색 형광등 아래에서 촬영하고자 할 때 | 〔해 표시〕(옥외)로 합니다. |
| ● 단일 색의 피사체나 배경을 사용할 때 | ○ 표시로 합니다. |

○ 〔원 푸시 화이트 밸런스〕 버튼을 사용하여 조절

피사체를 비추고 있는 조명 조건이 고정되어 있는 경우, 그 조건 그대로를 살려 촬영할 수 있는 기능입니다. 피사체의 주변 조건에 영향 받지 않고 피사체를 원래의 색 그대로 자연스럽게 표현할 수 있습니다.

리튬 전지가 들어가 있으면 전원을 끈 상태에서도 약 1시간 정도 설정한 조건이 기억됩니다.

1. 오토록 스위치를 한가운데로 합니다.

2. 화이트 밸런스 버튼을 눌러 파인더에 ○ 표시가 나오도록 합니다.

3. 하얀 피사체(종이나 벽 등)을 파인더에 가득 잡습니다.

4. ○ 버튼을 누릅니다.

파인더 내의 ○ 표시가 빠른 점멸로 변하며, 화이트 밸런스가 조절되어 카메라에 기억되면 점등 상태로 됩니다.

　!) 광원이 변할 경우

　촬영 스탠바이 중에 화이트 밸런스를 바로잡아주십시오. 단 촬영 중에는 ○ 버튼을 눌러도 설정되지 않습니다.

아이리스(조리개)와 셔터 스피드는 화이트 밸런스와 관련이 있습니다.

이것들을 수동 조절로 설정해두고, 그 상태 그대로 실내에서 실외, 또는 실외에서 실내로 이동할 경우에는 오토록 스위치를 1번 오토록으로 한 후, 다시 한번 수동측(한가운데)으로 맞춰주십시오.

오토록으로 촬영하다가 실내에서 실외, 또는 실외에서 실내로 이동할 경우, 또는 배터리를 교환할 경우에는 스탠바이 스위치를 눌러 올리고 나서 렌즈를 10초 정도 하얀색의 피사체를 향해주십시오. 그런 뒤 촬영을 하면 보다 좋은 색상 맞추기로 조절이 됩니다.


## 녹음 레벨을 조절한다

〈설명〉 녹음할 때의 음의 크기(녹음 레벨)를 설정할 수 있습니다.

설정 시에는 헤드폰을 연결하여 레벨을 확인하도록 하십시오.

〈언제 사용?〉 원하는 레벨에 맞춰 녹음을 하고자 할 때

녹음 레벨을 자동으로 조절한다.

오토록 스위치를 [오토록]으로 한다.

녹음 레벨을 수동으로 조절한다.

1. 오토록 스위치를 한가운데로 하십시오

2. 녹음 레벨 버튼을 누르십시오.

3. 컨트롤 다이얼을 돌려 녹음 레벨을 조절하십시오.

피크 램프가 점등하지 않도록 조절한다.

헤드폰을 연결하여 녹음 레벨을 확인하도록 하십시오.

(그림 설명) 조정 범위는 0부터 10까지로 0.5단계씩 21단계입니다. 가로 방향으로 나오

는 소수점은 0.5를 의미합니다.

!) 수동 조절된 녹음 레벨을 유지하려면 오토록 스위치를 〔홀드〕로 합니다.

!) 조절한 녹음 레벨의 유지 기간은

전원을 끈 뒤 약 5분 간입니다. 그뒤에는 자동적으로 공장 출하 시의 설정값인 7.5로 설정됩니다. 전원이 들어가 있으면 그대로 유지됩니다.

!) 수동 조절을 끝내고 자동 조절로 돌아오려면 녹음 레벨 버튼을 눌러 〔 〕 표시를 지웁니다.

!) 셔터 스피드를 바꾼다든지 프로그램 AE 버튼을 누르면 〔 〕 표시가 꺼지고, 녹음 레벨조정은 되지 않습니다.

다시 한번 녹음 레벨 버튼을 눌러 〔 〕 표시가 나오면 조절할 수 있습니다.

!) DV 방식에서는 스테레오 1과 스테레오 2, 두 개의 스테레오 음성을 기록할 수 있지만 본 제품에서는 촬영되고 있는 음성은 스테레오 1에만 기록됩니다.


*VX-1000에서 컬러 바 넣는 법*
1. 녹화 버튼을 스탠바이 상태에 두고, 이때 카메라의 전원부는 가운데〔切〕 상태로 한다.
2. 스위치부의 빨간 녹화 버튼과 포토 녹화 버튼을 동시에 누른다.
3. 카메라의 전원부 스위치를 카메라로 위치시킨다.

   이 상태에서 컬러 바가 뜨고, 스위치에서 손을 뗀 다음 녹화 버튼을 누르면 컬러 바가 녹화된다.
4. 컬러 바를 없애려면

   빨간 버튼이 달린 녹화 쪽 스위치를 스탠바이 상태에서 lock의 상태로 바꿔준 후 다시 스탠바이 상태로 돌아오면 컬러 바가 풀린다.

## 제작비 예산 내역서

| 코드 | | 항목 | 세부 내역 | 금액 |
|---|---|---|---|---|
| | | **Pre-Production** | | |
| **1** | **1** | 시나리오 | | |
| | **A** | 시나리오 진행비 | | |
| | | – | | |
| | | – | | |
| | | – | | |
| **2** | **1** | 기획 | | |
| | **A** | 기획 진행비(회의 등) | | |
| | | – | | |
| | | – | | |
| | | – | | |
| | | – | | |
| | **B** | 헌팅 진행비 | | |
| | | – | | |
| | | – | | |
| | | – | | |
| | **C** | 테스트 촬영 진행비(필름 구입 포함 등, DV 제작 시는 테이프) | | |
| | | – | | |
| | | – | | |
| | **D** | 기타 | | |
| | | – | | |
| | | – | | |
| | | – | | |
| | | 소계 | | |
| | | **Pre-Production total** | | |

| 코드 | | 항목 | 세부 내역 | 금액 |
|---|---|---|---|---|
| | | **Production** | | |
| 3 | 1 | 제작진 인건비 | | |
| | A | 프로듀서(제작부 포함) | | |
| | | – | | |
| | | – | | |
| | | – | | |
| | B | 감독(연출부 포함) | | |
| | | – | | |
| | | – | | |
| | | – | | |
| | | – | | |
| | C | 연기자 | | |
| | | – | | |
| | | – | | |
| | | – | | |
| | | – | | |
| | D | 촬영 기사(촬영부 포함) | | |
| | | – | | |
| | | – | | |
| | | – | | |
| | | – | | |
| | E | 조명부 | | |
| | | – | | |
| | | – | | |
| | | – | | |
| | F | (동시) 녹음 | | |
| | | – | | |
| | | – | | |
| | | – | | |

| 코드 | | 항목 | 세부 내역 | 금액 |
|---|---|---|---|---|
| 3 | G | 의상/미술/분장/스틸 | | |
| | | – | | |
| | | – | | |
| | | – | | |
| | | – | | |
| | | 소계 | | |
| 4 | 1 | 촬영 | | |
| | A | 카메라(대여)―종류 명기 | | |
| | | – | | |
| | | – | | |
| | B | 이동차(달리) | | |
| | C | 크레인/포타집 등 | | |
| | D | 모니터 | | |
| | E | 촬영 소모품 | | |
| | | – | | |
| | | – | | |
| | | – | | |
| | F | 기타 | | |
| | | – | | |
| | | – | | |
| | | 소계 | | |
| 5 | 1 | (동시) 녹음 | | |
| | A | D. A. T or Nagra | | |
| | B | 녹음 테이프 or Reel | | |
| | C | 녹음 소모품 | | |
| | D | 기타 | | |
| | | – | | |
| | | – | | |
| | | 소계 | | |

| 코드 | | 항목 | 세부 내역 | 금액 |
|---|---|---|---|---|
| 6 | 1 | 조명 | | |
| | A | HTM 조명 | | |
| | | – | | |
| | | – | | |
| | B | 텅스텐 조명 | | |
| | | – | | |
| | | – | | |
| | C | 키노플로 | | |
| | | – | | |
| | D | 조명 소모품 | | |
| | | – | | |
| | | – | | |
| | | – | | |
| | E | 기타(발전기 등) | | |
| | | – | | |
| | | – | | |
| | | – | | |
| | | – | | |
| 7 | 1 | 소계 | | |
| | | 의상/분장/메이크업 | | |
| | | – | | |
| | | – | | |
| | | – | | |
| | | – | | |
| | | – | | |
| | | – | | |
| | | 기타 | | |
| | | 소계 | | |

| 코드 | | 항목 | 세부 내역 | 금액 |
|---|---|---|---|---|
| 8 | 1 | 미술(세트/소도구 관련) | | |
| | A | 세트 | | |
| | | - | | |
| | | - | | |
| | | - | | |
| | | - | | |
| | B | 소도구 | | |
| | | - | | |
| | | - | | |
| | | - | | |
| | | - | | |
| | | 소계 | | |
| 9 | 1 | 스틸 사진 | | |
| | A | - 필름 구입 | | |
| | B | - 필름 현상 | | |
| | | 소계 | | |
| 10 | 1 | 촬영 현장 진행비 | | |
| | A | 식사비 | | |
| | | - | | |
| | B | 숙박비 | | |
| | | - | | |
| | C | 차량 유지비(대여, 유류 등) | | |
| | | - | | |
| | | - | | |
| | | - | | |
| | D | - 기타(잡비 등) | | |
| | | - | | |
| | | - | | |
| | | 소계 | | |

| 코드 | | 항목 | 세부 내역 | 금액 |
|---|---|---|---|---|
| 11 | 1 | 필름 구입비<br>(비디오(DV) 제작 시는 촬영<br>테이프에 관한 사항 명기) | | |
| | A | 촬영용 필름 | | |
| | | – | | |
| | | – | | |
| | | – | | |
| | B | 자막/ OX용 | | |
| | | – | | |
| | | – | | |
| | C | 프린트용 필름 | | |
| | | – | | |
| | | – | | |
| | D | 광학 녹음용 사운드 필름 | | |
| | | – | | |
| | | – | | |
| | | 기타 | | |
| | | – | | |
| | | – | | |
| | E | 소계 | | |
| | | **Production total** | | |
| | | **Post Production** | | |
| 12 | 1 | 편집 | | |
| | | – | | |
| | | – | | |
| | | – | | |
| | | – | | |
| | | – | | |
| | | 소계 | | |

| 코드 | | 항목 | 세부 내역 | 금액 |
|---|---|---|---|---|
| 13 | 1 | 녹음 | | |
| | A | 대사 | | |
| | B | 폴리 | | |
| | C | 음악 | | |
| | D | 광학 녹음 | | |
| | E | 진행비 | | |
| | F | 기타 | | |
| | | – | | |
| | | 소계 | | |
| 14 | 1 | 현상 | | |
| | A | 네가 현상 | | |
| | B | 러시 현상 | | |
| | C | 사운드 현상 | | |
| | D | 색 보정 | | |
| | E | A-프린트 | | |
| | F | (B-프린트) | | |
| | G | 현상 진행비 | | |
| | H | 기타 | | |
| | | – | | |
| | | 소계 | | |
| 15 | 1 | 옵티컬/자막 | | |
| | | – | | |
| | | – | | |
| | | 소계 | | |
| 16 | 1 | **Post Production total** | | |
| | | 경상비 | | |
| | | – | | |
| | | – | | |
| | | – | | |

| 코드 | | 항목 | 세부 내역 | 금액 |
|---|---|---|---|---|
| 17 | 1 | 보험료 | | |
| | | – | | |
| 18 | 1 | 예비비 | | |
| | | – | | |
| | | 소계(보험료, 경상비, 예비비) | | |
| | | | | |
| | | **total** 합계 | | |

 제작비 명세서 견본의 모든 항목을 채울 필요는 없다. 자신의 영화에 맞춰 필요한 부분만 기입하자.

제작 스케줄

2001년

| | 5월 | | | | 6월 | | | | | 7월 | | | |
|---|---|---|---|---|---|---|---|---|---|---|---|---|---|
| | 30~06 | 07~13 | 14~20 | 21~27 | 28~03 | 04~10 | 11~17 | 18~24 | 25~01 | 02~08 | 09~15 | 16~22 | 23~29 |

스태프 미팅, 콘티뉴어티 작업(4월 30일~7월 1일)

헌팅(6월 1일~6월 14일)

캐스팅(5월 7일~5월 30일)

대사 연습 및 연기 연습(6월 1일~7월 8일)

* 스폰서는 작업 끝날 때까지 모집
* 사무실 입주(2001년 4월 말)

소품 및 의상(7월 1일~15일)

1차 촬영
Test(7월 10일)

2차 촬영
야외 촬영(7월 10일~7월 17일)

3차 촬영
실내 촬영(7월 19일~7월 20일)

4차 촬영
보충 촬영(7월 25일~7월 26일)

* 미정의 스케줄들은 6월 말까지 확정한다.
* 배우들의 스케줄을 확보한다.

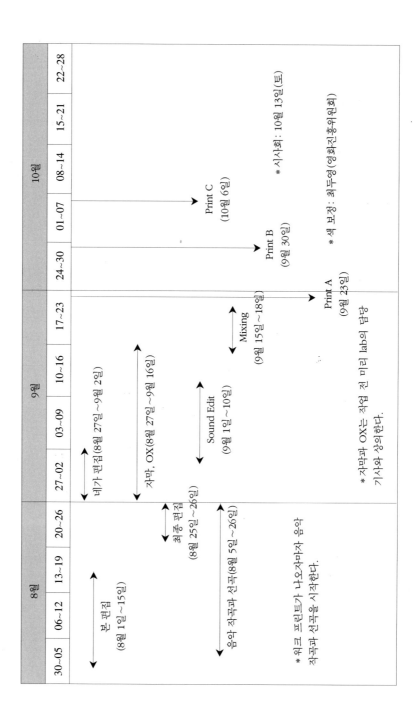

1  「인톨러런스 Intolerance」(1916) / 감독: D. W. 그리피스

2  「칼리가리 박사의 밀실 The Cabinet of Dr. Caligari」(1919) / 감독: 로베르트 비네

3  「북극의 나누크 Nanook of the North」(1922) / 감독: 로버트 플래허티

4  「마지막 웃음 Der Letzte Mann」(1924) / 감독: F. W. 무르나우

5  「황금광 시대 The Gold Rush」(1925) / 감독: 찰리 채플린

6  「전함 포템킨 Bronenosets Potemkin」(1925) / 감독: 세르게이 에이젠슈테인

7  「어머니 Mat」(1926) / 감독: 프세볼로트 푸도프킨

8  「메트로폴리스 Metropolis」(1927) / 감독: 프리츠 랑

9  「황금 시대 L'Age d'or」(1930) / 감독: 루이스 부뉴엘

10  「장군 The General」(1926) / 감독: 버스터 키튼

11  「잔 다르크의 수난 La Passion de Jeanne D'Arc」(1928) / 감독: 칼 데어도어 드레이어

12  「대지 Zemlya」(1930) / 감독: 알렉산드르 도브첸코

13  「M」(1931) / 감독: 프리츠 랑

14  「모던 타임스 Modern Times」(1936) / 감독: 찰리 채플린

15  「올림피아 Olympia」(1938) / 감독: 레니 뤼펜쉬탈

16  「커다란 환상 La Grande Illusion」(1937) / 감독: 장 르누아르

17  「게임의 규칙 La Règle du jeu」(1939) / 감독: 장 르누아르

18  「판타지아 Fantasia」(1940) / 제작: 월트 디즈니 스튜디오

19  「시민 케인 Citizen Kane」(1941) / 감독: 오손 웰스

20  「폭군 이반 Ivan the Terrible」(1944/1946) / 감독: 세르게이 에이젠슈테인

21  「말타의 매 The Maltese Falcon」(1941) / 감독: 존 휴스턴

22  「인생 유전 Les Enfants du Paradis」(1945) / 감독: 마르셀 카르네

23  「무방비 도시 Roma, Città Aperta」(1945) / 감독: 로베르토 로셀리니

24  「품행 제로 Zero de Conduite」(1933) / 감독: 장 비고

25  「파이자 Paisa」(1946) / 감독: 로베르토 로셀리니

26 「흔들리는 대지 La Terra Trema」(1947) / 감독: 루키노 비스콘티

27 「자전거 도둑 Ladri di Biciclette」(1948) / 감독: 비토리오 데 시카

28 「제3의 사나이 The Third Man」(1949) / 감독: 캐롤 리드

29 「라쇼몽(羅生門)」(1950) / 감독: 구로사와 아키라

30 「사랑은 비를 타고 Singin' in the rain」(1952) / 감독: 진 켈리 · 스탠리 도넌

31 「오하루의 일생(西鶴一代女)」(1952) / 감독: 미조구치 겐지

32 「도쿄 이야기(東京物語)」(1953) / 감독: 오즈 야스지로

33 「7인의 사무라이(七人の侍)」(1954) / 감독: 구로사와 아키라

34 「길 La Strada」(1954) / 감독: 페데리코 펠리니

35 「바람에 쓰다 Written on the Wind」(1956) / 감독: 더글라스 서크

36 「추적자 The Searchers」(1956) / 감독: 존 포드

37 「파테르 판찰리 Pather Panchali」(1956) / 감독: 쇼티아지트 레이

38 「제7의 봉인 Det Sjunde Inseglet」(1957) / 감독: 잉마르 베리만

39 「현기증 vertigo」(1958) / 감독: 알프레드 히치콕

40 「북북서로 진로를 돌려라 North by Northwest」(1959) / 감독: 알프레드 히치콕

41 「재와 다이아몬드 Popiol i Diamont」(1958) / 감독: 안제이 바이다

42 「오발탄」(1961) / 감독: 유현목

43 「히로시마 내 사랑 Hiroshima Mon Amour」(1959) / 감독: 알랭 레네

44 「정사 L'Avventura」(1961) / 감독: 미켈란젤로 안토니오니

45 「네 멋대로 해라 A Bout de Souffle」(1959) / 감독: 장 뤽 고다르

46 「쥘과 짐 Jules et Jim」(1961) / 감독: 프랑수아 트뤼포

47 「8과 2분의 1 Otto E Mezzo」(1963) / 감독: 페데리코 펠리니

48 「잊혀진 선조들의 그림자 Teni Zabytykh Predkov」(1964) / 감독: 세르게이 파라자노프

49 「알제리 전투 La Battaglia di Algeri」(1965) / 감독: 질로 폰테코르보

50 「무셰트 Mouchette」(1967) / 감독: 로베르 브레송

51 「페르소나 Persona」(1966) / 감독: 잉마르 베리만

52 「적과 백 Csillagosok, Katonák」(1967) / 감독: 미클로슈 얀초

79  「블레이드 러너 Blade Runner」(1982) / 감독: 리들리 스콧

80  「향수 Nostalghia」(1983) / 감독: 안드레이 타르코프스키

81  「황토지(黃土地)」(1984) / 감독: 첸 카이거

82  「천국보다 낯선 Stranger Than Paradise」(1984) / 감독: 짐 자무시

83  「마기노 마을의 이야기」(1985) / 감독: 오가와 신스케

84  「녹색 광선 Le Rayon Vert」(1986) / 감독: 에릭 로메르

85  「메이트원 Matewan」(1987) / 감독: 존 세일즈

86  「붉은 수수밭(紅高粱)」(1988) / 감독: 장 이모우

87  「똑바로 살아라 Do the Right Thing」(1989) / 감독: 스파이크 리

88  「비정성시(悲情城市)」(1989) / 감독: 후 샤오시엔

89  「십계 Dekalog」(1989「 / 감독: 크지쉬토프 키에슬로프스키

90  「달마가 동쪽으로 간 까닭은?」(1989) / 감독: 배용균

91  「안개 속의 풍경 Topio stin Omichli」(1989) / 감독: 테오 앙겔로풀로스

92  「바톤 핑크 Barton Fink」(1991) / 감독: 조엘 코엔

93  「그리고 삶은 계속된다 Zendegi Edame Darad」(1992) / 감독: 압바스 키아로스타미

94  「올란도 Orlando」(1992) / 감독: 샐리 포터

95  「패왕별희(覇王別姫)」(1993) / 감독: 첸 카이거

96  「서편제」(1993) / 감독: 임권택

97  「피아노 The Piano」(1994) / 감독: 제인 캠피언

98  「용서받지 못한 자 Unforgiven」(1993) / 감독: 클린트 이스트우드

99  「스모크 Smoke」(1995) / 감독: 웨인 왕

100 「언더그라운드 Underground」(1995) / 감독: 에밀 쿠스트리차

해보자! 영화만들기
MEMO

해보자! 영화만들기
MEMO